Q 하이! 코리안

Hi! KOREAN

Student's Book

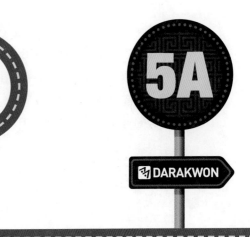

5A

DARAKWON

머리말

한국어 수업 현장에서 만나는 학습자들에게 한국어를 배우는 이유를 물으면 으레 '한국 문화가 좋아서'라고 답합니다. 어찌 보면 우문에 현답 같은 이 말 속에는 언어와 문화의 관계에 대해 굳이 거창하게 언급할 필요도 없을 만큼 이미 많은 것이 담겨 있으며, 이는 한국어 학습의 가장 기초적인 도구이자 관문이 될 수 있는 교재를 만들고자 할 때 좋은 길잡이가 되어 준 동시에 큰 숙제이기도 했습니다. 더불어 '활자 상실의 시대'라는 말이 과하지 않을 정도로 영상 콘텐츠가 대세인 환경에서 한국어 학습에 다시금 교재의 필요성과 중요성을 확인시켜야 할 의무감도 있었습니다. "Hi! Korean"은 이러한 고민들 속에서 시작되었고 여러 집필진들의 노력 끝에 출간하게 되었습니다.

본 교재는 쓰기·읽기·듣기·말하기 영역의 통합 교재로 다양한 교육 기관에서 정규 과정에 활용할 수 있도록 구성하였습니다. 또한 교육 기관을 통하지 않고 한국어를 배우고자 하는 개인 학습자들도 고려하여 교재만으로도 한국어를 학습하는 데 큰 어려움이 없도록 주의를 기울였습니다. 기본적으로는 초급부터 고급까지 구성의 일관성을 유지하며 말하기·듣기·읽기·쓰기 영역을 유기적으로 제시하되 각 단계별 특징을 고려하여 구성에 일부 차이를 두었습니다. 특히 듣기와 읽기를 단원마다 제시하는 대신 단원별로 분리 제시하여 영역별 학습 집중도를 높이고 동일한 구성이 가져올 수 있는 지루함도 다소 덜어 내고자 하였습니다. 또한 듣기와 읽기 학습 시 문제 풀이 중심에서 벗어나 말하기로 정리하게 함으로써 의사소통 역량을 키우는 데 중점을 두었습니다. 더불어 기능별 심화 학습이 이루어질 수 있도록 초급과 고급까지 대단원마다 쓰기 및 말하기 항목을 따로 두어 초급과 중급에서 체계적으로 학습하고, 이후 고급의 심화 단계에서 응용할 수 있도록 하였습니다. 마지막으로 단원의 주제와 내용을 통해 한국의 오늘을 보다 현실감 있게 보여 주려고 노력하였는데, 이때 실제로 언어가 사용되는 환경과 동떨어지지 않으면서 동시에 학습에 적합한 내용을 제시하기 위해 내용은 물론 사진이나 삽화 등의 선택에도 끊임없이 고민하였습니다. 이러한 노력은 결국 이 책을 사용하여 한국어의 아름다움과 마주하게 될 미지의 학습자들을 위한 것으로 그들의 학습 여정에 도움이 될 수 있었으면 합니다.

서두에 밝힌 바와 같이 크고 무거운 숙제를 안고 교재 출간이 기획되었고 오랜 기간 여러 선생님들의 헌신과 노력 끝에 "Hi! Korean"이 완성되었습니다. 본 교재는 전·현직 홍익대학교 국제언어교육원의 한국어 교사들이 중심이 되어 기획 및 집필의 모든 과정을 함께 하였는데 쉼없이 강의와 집필을 병행하시느라 고생하신 선생님들께 감사드립니다. 또한 초급에서 고급까지 총 스무 권의 귀한 책이 나오기까지 긴 시간 편집 및 출판에 애써 주신 다락원 한국어출판부 편집진께도 깊은 감사를 드립니다.

2025년 2월
"Hi! Korean" 집필진 일동

일러두기

〈Hi! Korean Student's Book 5〉은 '1단원~12단원'으로 구성되어 있고 한 단원은 '소단원 1, 2, TOPIK 유형으로 확인하기'로 이루어져 있다. '소단원 1'은 '문법, 연습, 어휘, 듣기, 과제', '소단원 2'는 '문법, 연습, 어휘, 읽기, 과제, 어휘 늘리기', 'TOPIK 유형으로 확인하기'는 문법과 네 가지 기능별 영역의 TOPIK 실전 연습으로 구성되었다.

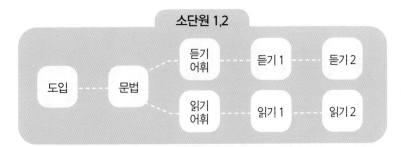

소단원 1,2

도입 --- 문법 ---
듣기 어휘 --- 듣기 1 --- 듣기 2
읽기 어휘 --- 읽기 1 --- 읽기 2

TOPIK 유형으로 확인하기

- 문법과 표현
- 읽기
- 듣기
- 말하기
- 쓰기

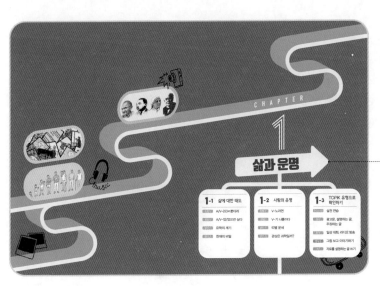

단원 소개
단원의 주제와 학습 목표를 알려 준다.

소단원 1, 2

도입
학습할 내용을 추측할 수 있도록 주제와 관련된 사진과 질문을 제시한다.

문법

'문법 제시', '기본 연습', '확장 연습'으로 구성

소단원마다 2개의 목표 문법을 제시한다. 도식화된 문형 정보, 예문을 제시하여 목표 문법에 대한 이해를 돕는다. 단계적 활용 및 확장 연습을 통해 목표 문법의 실제적인 사용 능력을 향상시킨다.

듣기 어휘

읽기 어휘

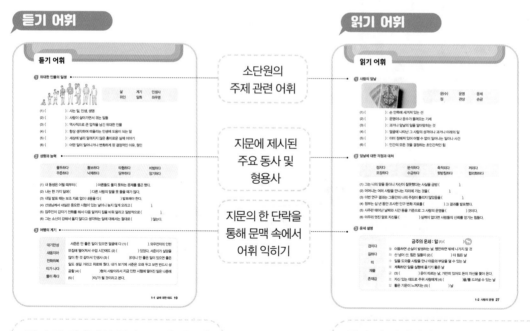

- 소단원의 주제 관련 어휘
- 지문에 제시된 주요 동사 및 형용사
- 지문의 한 단락을 통해 문맥 속에서 어휘 익히기

듣기 전 단계에서 듣기 1, 2의 지문에 포함된 새 어휘 및 주요 어휘의 의미와 쓰임을 미리 학습한다.

읽기 전 단계에서 읽기 1, 2의 지문에 포함된 새 어휘 및 주요 어휘의 의미와 쓰임을 미리 학습한다.

듣기

듣기 1, 2로 구성되어 있다.

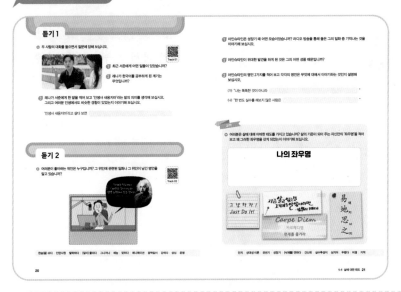

'듣기 1'에서는 짧은 듣기를 통해 소단원의 주제와 관련된 배경지식과 경험을 환기할 수 있도록 사진이나 그림 등과 함께 간단한 질문을 제시하였다. '듣기 2'는 특정 분야에 대한 대화나 강연 등을 듣고 내용을 파악한 후 과제를 수행할 수 있도록 구성하였다.

읽기

읽기 1, 2로 구성되어 있다.

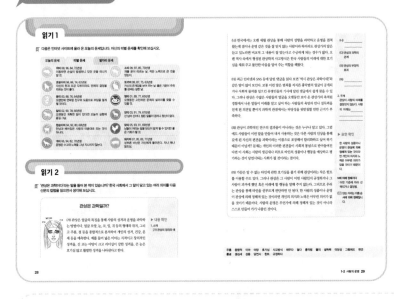

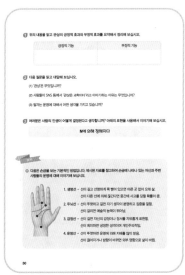

'읽기 1'에서는 책의 표지나 도표, 신문 기사의 제목 등 다양한 형태의 짧은 텍스트를 통해 배경지식을 환기하고 '읽기 2'의 지문을 이해하는 데 필요한 사전 정보를 습득할 수 있도록 구성하였다. '읽기 2'는 특정 분야에 대한 긴 글을 읽고 내용을 파악한 후 과제를 수행할 수 있도록 구성하였다.

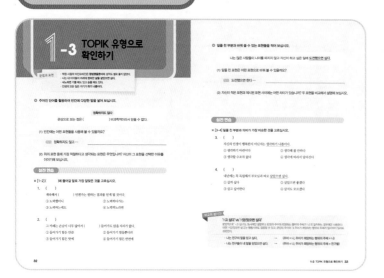

문법과 표현 - 실전 연습

단원에서 학습한 문법과 표현을 확인하고 TOPIK II 읽기 영역의 전반부에 출제되는 문법 평가 문항의 형식에 맞춰 다시 한 번 의미와 쓰임을 익히도록 한다.

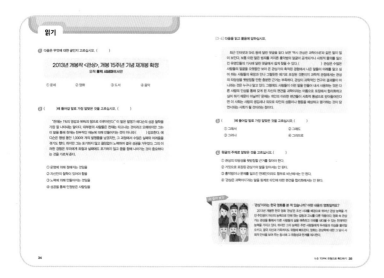

읽기

단원의 주제와 관련된 읽기 지문들을 TOPIK II 읽기 영역 문항들의 형식에 맞춰 학습할 수 있도록 구성하였다.

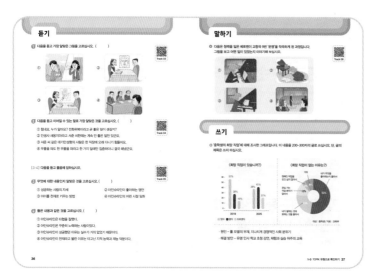

듣기, 말하기, 쓰기

단원의 주제와 관련된 듣기 지문 및 말하기, 쓰기를 TOPIK II 각 영역의 출제 형식에 맞춰 학습할 수 있도록 구성하였다.

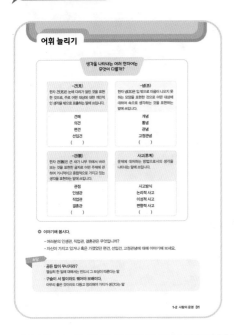

단원의 주제와 관련된 보다 다양한 범주의 어휘들을 학습하고 한국어 속담도 함께 익힐 수 있도록 구성하였다.

부록

정답, 듣기 대본, 어휘 색인을 제공하여 학습한 내용을 확인할 수 있게 한다. 또한 TOPIK 쓰기를 연습할 수 있는 '쓰기 연습용 원고지'도 제공하고 있다.

목차

단원		문법	어휘 늘리기	활동	
01 삶과 운명	**1-1** 삶에 대한 태도	• A/V-(으)ㄹ뿐더러 • A/V-았/었으면 싶다	• **생각을 나타내는 한자어** : 견(見), 념(念), 관(觀), 사고(思考)	듣기 1 유학의 계기	듣기 2 천재의 비밀
	1-2 사람의 운명	• V-노라면 • V-기 나름이다	• **속담** : 공든 탑이 무너지랴, 우물을 파도 한 우물을 파라	읽기 1 띠별 운세	읽기 2 관상은 과학일까?
	1-3 TOPIK 유형으로 확인하기	TOPIK 읽기 • 광고문 • 설명하는 글 • 주장하는 글	TOPIK 듣기 • 일상 대화 • 라디오 방송	TOPIK 말하기 그림 보고 이야기 하기	TOPIK 쓰기 자료를 설명하는 글 쓰기
02 언어와 사고	**2-1** 한국어의 특징	• N(이)란 • A-(으)ㄴ지, V-는지	• **색채 형용사** : 긍정적 의미, 부정적 의미	듣기 1 한국어의 어려움	듣기 2 한국어 높임법의 이면
	2-2 생각을 담는 그릇	• A/V-(으)ㄹ지라도 • V-기 십상이다	• **속담** : 말이 씨가 된다, 낮말은 새가 듣고 밤말은 쥐가 듣는다	읽기 1 언어의 정의	읽기 2 언어란 생각의 감옥인가?
	2-3 TOPIK 유형으로 확인하기	TOPIK 읽기 • 신문 기사 제목 • 설명하는 글	TOPIK 듣기 • 일상 대화 • 강연	TOPIK 말하기 의견 제시하기	TOPIK 쓰기 주제에 대해 글 쓰기
03 음식과 문화	**3-1** 음식의 유래	• A-다기에, V-는다기에 • N을/를 막론하고	• **식재료 손질법 관련 어휘** : 썰다, 갈다, 빻다, 짜다, 발라내다	듣기 1 기후에 따른 음식의 특징	듣기 2 한국의 지역별 대표 음식
	3-2 현대 사회와 사찰 음식	• N(으)로 여기다 • A/V-거니와	• **속담** : 시장이 반찬이다, 전어 굽는 냄새에 나가던 (나갔던) 며느리 다시 돌아온다	읽기 1 불교 문화와 식생활	읽기 2 사찰 음식이 주는 위로
	3-3 TOPIK 유형으로 확인하기	TOPIK 읽기 • 안내문 • 기사문 • 설명하는 글	TOPIK 듣기 • 일상 대화 • 인터뷰 • 강연	TOPIK 말하기 의견 제시하기	TOPIK 쓰기 빈칸에 알맞은 말 쓰기

단원			문법	어휘와 표현	활동	
04 주거 문화의 변화	4-1	한옥의 구조	• A-기 그지없다 • V-다시피	• 접두사 '되-'의 활용 어휘 : 되찾다, 되팔다, 되돌리다, 되돌아가다…	**듣기 1** 부동산 매물 찾기	**듣기 2** 한옥에 대한 강연
	4-2	현대의 주거 생활	• V-(으)ㅁ에 따라(서) • N이자	• 속담 : 아니 땐 굴뚝에 연기 날까, 곳간에서 인심 난다	**읽기 1** 주거 생활 관련 설문 조사	**읽기 2** 「아파트 공화국」 의 독서 감상문
	4-3	TOPIK 유형으로 확인하기	**TOPIK 읽기** • 광고문 • 설명하는 글 • 독서 감상문	**TOPIK 듣기** • 일상 대화 • 강연	**TOPIK 말하기** 자료 해석하기	**TOPIK 쓰기** 빈칸에 알맞은 말 쓰기
05 한국의 미	5-1	한복의 디자인	• V-고 나서야 • A-기 이를 데 없다	• 옷을 소재로 한 관용 표현 : 옷을 벗다, 옷걸이가 좋다, 소매를 걷어 붙이다…	**듣기 1** 한복 체험	**듣기 2** 전통 혼례복
	5-2	한국의 탈	• A-(으)ㄴ 만큼, V-는 만큼 • A/V-(으)ㅁ에 틀림없다	• 속담 : 옷이 날개다, 옷깃만 스쳐도 인연이다	**읽기 1** 세계 탈 문화 축제 안내문	**읽기 2** '세계 탈 문화 축제'를 다녀와서
	5-3	TOPIK 유형으로 확인하기	**TOPIK 읽기** • 안내문 • 설명하는 글	**TOPIK 듣기** • 소개 • 일상 대화	**TOPIK 말하기** 의견 제시하기	**TOPIK 쓰기** 자료를 설명하는 글 쓰기
06 한국의 교육	6-1	한국인의 교육열	• A-(으)ㄴ 면이 있다, V-는 면이 있다 • A-(으)ㄴ 법이다, V-는 법이다	• 접미사 '-력(力)'의 활용 어휘 : 정신적 능력, 신체적 능력, 사회적 능력	**듣기 1** 한석봉 어머니와 맹모삼천지교	**듣기 2** 영유아 조기 교육의 효과
	6-2	교육 제도의 변화	• A-(으)ㄴ 가운데, V-는 가운데 • V-(으)ㅁ으로써	• 속담 : 소 귀에 경 읽기, 서당 개 삼 년이면 풍월을 읊는다	**읽기 1** 과거와 현대의 교육	**읽기 2** 과거 시험과 교육 제도
	6-3	TOPIK 유형으로 확인하기	**TOPIK 읽기** • 신문 기사 제목 • 설명하는 글	**TOPIK 듣기** • 설문 조사 • 대화 • 대담	**TOPIK 말하기** 대화 완성하기	**TOPIK 쓰기** 빈칸에 알맞은 말 쓰기

CHAPTER

1

삶과 운명

1-1 삶에 대한 태도

"나에게는
꿈이 있습니다."
-마틴 루터 킹

"천재는 1%의 영감과
99%의 노력으로
이루어진다."
-토마스 에디슨

"세상을 변화시키고
싶다면 자신이 먼저
바뀌어야 한다."
-마하트마 간디

"당신을 만나는 모든 사람이
당신과 헤어질 때는
더 행복해질 수 있도록
하십시오."
-마더 테레사

- 위의 위인 중에서 알고 있는 인물이 있습니까? 그 사람은 어떤 일을 했습니까?
- 자신이 알고 있는 위인들의 명언이 있습니까? 그 말은 어떤 의미입니까?

문법 1

A/V-(으)ㄹ뿐더러

아인슈타인 같은 사람들은 특출난 어린 시절을 보냈겠죠?

아니에요. 아인슈타인은 지극히 **평범했을뿐더러** 학교 성적도 별로 좋지 않았다고 해요.

❗ 대상의 행위나 상태에 대해 일차적인 부분을 먼저 설명하고 부가적인 내용을 덧붙일 때 사용한다.

아인슈타인은 · **평범했을뿐더러** · 학교 성적도 좋지 않았다.

↓ 일차적인 부분   ↓ 부가적인 내용

- 우리 학교는 역에서 **가까울뿐더러** 캠퍼스도 넓은 편입니다.
- 최 대리는 항상 제시간에 일을 **끝낼뿐더러** 실수도 없어서 팀장님의 신뢰를 받고 있다.
- 동생은 **내성적일뿐더러** 말도 별로 없어서 평소에 무슨 생각을 하는지 모르겠어요.
- 어제는 날씨가 **추웠을뿐더러** 눈까지 와서 도저히 너를 만나러 갈 수 없었어.
- 그 사람을 오늘 처음 **봤을뿐더러** 아직 인사조차 못 했는데 제가 어떻게 그 사람을 평가할 수 있겠어요?

특출나다 | 지극히 | 캠퍼스 | 신뢰

1 어떤 일을 하지 못한 이유에 대해서 설명해 보십시오.

일차적인 내용	부가적인 내용
[보기] 장소를 예약하지 못하다	참석하겠다는 사람도 별로 없다
(1) 일이 늦게 끝나다	팀원들과 회식까지 있다
(2) 혼자 하기에는 일이 많다	
(3)	지역 주민들의 반대가 심하다

[보기] 가 왜 이번 달 동호회 모임이 취소됐어요?

나 장소를 예약하지 **못했을뿐더러** 참석하겠다는 사람도 별로 없어서요.

(1) 가 왜 어제 전화 안 했어?

나 _____

(2) 가 리나 씨, 왜 어제 매장 청소를 다 안 끝내고 퇴근했어요?

나 _____ 할 수 있는 만큼만 했어요.

(3) 가 왜 쓰레기 소각장을 늘리지 못하고 있습니까?

나 _____

2 다음의 대상이 가지고 있는 둘 이상의 성향이나 속성이 무엇인지 이야기해 보십시오.

[보기] 어머니 : 제 어머니는 이해심이 **많으실뿐더러** 공감 능력이 뛰어나십니다.

(1) 나

(2) 고향

소각장 | 공감

문법 2

A/V-았/었으면 싶다

다음 학기 수업 방향에 대해서 건의하고 싶은 내용이 있습니까?

네, 저는 다른 학생들과 같이 하는 조별 과제를 좀 줄였으면 싶습니다.

화자가 자신 혹은 이야기하는 대상에 대한 바람을 완곡하게 나타낼 때 사용한다.

나는 **조별 과제를 좀 줄였으면 싶다.**

↓

희망 사항

- 내일은 날씨가 좀 **맑았으면 싶**네요.
- 빨리 경기가 살아나고 물가가 **안정되었으면 싶**다.
- 제가 지금 **이십대였으면 싶**을 때가 있습니다.
- 나는 내 아이들이 미래에 행복한 삶을 **살았으면 싶**다.
- 아까는 너무 어이가 없어서 그 말을 못 들은 걸로 **했으면 싶**었어.

조별 | 경기

1 신혼부부가 파리 신혼 여행 일정을 짜고 있습니다. 상대방의 의견을 듣고 자신이 희망하는 것을 이야기해 보십시오.

남편	아내
보기 에펠탑에 올라가서 야경을 구경하고 싶다	첫날 저녁은 호텔에서 쉬고 싶다
(1) 렌터카를 빌려서 파리 시내를 구경하고 싶다	
(2)	파리 외곽을 여행하는 둘째 날 렌터카를 빌리고 싶다
(3) 바게트를 먹고 싶다	

남편 여행 첫날 저녁에는 보기 에펠탑에 올라가서 야경을 **구경했으면 싶은데** 어때?

아내 장시간 비행으로 피곤할 테니까 첫날 저녁은 그냥 호텔에서 쉬는 게 좋겠어.

남편 알겠어. 그럼 둘째 날은 렌터카를 빌려서 파리 시내를 구경할까?

아내 파리 시내는 복잡할 것 같아서 (1) _____

남편 그래? 그래도 난 (2) _____

아내 그럼 파리 외곽을 여행하는 두 번째 날 렌터카를 빌리자.

남편 좋아, 그렇게 하자. 그리고 파리에 가면 꼭 바게트도 먹어 보자.

아내 바게트 얘기를 하니까 갑자기 먹고 싶어지네. 그렇지 않아도 배가 고파서 (3) _____
_____ 집 앞에 있는 빵집에 갈까?

2 주변 사람들에게 완곡하게 전하고 싶은 자신만의 바람이 있습니까?

보기 결혼 : "저는 결혼을 하지 않고 혼자 **살았으면 싶어요**."

(1) 학업

(2) 취업

렌터카 ｜ 외곽 ｜ 바게트 ｜ 완곡하다 ｜ 바람

듣기 어휘

1 위대한 인물의 일생

삶	계기	인생사
위인	일화	좌우명

(1) ( ) : 사는 일, 인생, 생명

(2) ( ) : 사람이 살아가면서 겪는 일들

(3) ( ) : 역사적으로 큰 업적을 남긴 위대한 인물

(4) ( ) : 항상 생각하며 떠올리는 인생에 도움이 되는 말

(5) ( ) : 세상에 널리 알려지지 않은 흥미로운 실제 이야기

(6) ( ) : 어떤 일이 일어나거나 변화하게 된 결정적인 이유, 원인

2 성향과 능력

몰두하다	통보하다	타협하다	비범하다
꾸준하다	낙제하다	당부하다	암기하다

(1) 내 동생은 어릴 때부터 ( ) 어른들도 풀지 못하는 문제를 풀곤 했다.

(2) 나는 한 가지 일에 ( ) 다른 사람의 말을 못 들을 때가 많다.

(3) 내일 발표 때는 보조 자료 없이 내용을 다 ( ) 발표해야 한다.

(4) 선생님께서 내일은 중요한 시험이 있는 날이니 늦지 않게 오라고 ( ).

(5) 집주인이 갑자기 전화를 해서 다음 달까지 집을 비워 달라고 일방적으로 ( ).

(6) 그는 소신이 강해서 옳지 않다고 생각하는 일에 대해서는 절대로 ( ) 않는다.

3 여행의 계기

대기만성	서준은 안 좋은 일이 있으면 얼굴에 다 (1) ( ). 와우전자의 인턴 모집에 떨어져서 수업 시간에도 (2) ( ) 있었다. 서준이가 실망을 많이 한 것 같아서 인생사 (3) ( )(이)니 안 좋은 일이 있으면 좋은 일도 생길 거라고 위로해 줬다. 내가 보기에 서준은 오래 두고 보면 반드시 성공할 (4) ( )형의 사람이라서 지금 인턴 시험에 떨어진 일은 나중에 (5) ( )이/가 될 것이라고 본다.
새옹지마	
전화위복	
티가 나다	
풀이 죽다	

듣기 1

● 두 사람의 대화를 들으면서 질문에 답해 보십시오.

Track 01

1 최근 서준에게 어떤 일들이 있었습니까?

2 레나가 한국어를 공부하게 된 계기는 무엇입니까?

3 레나가 서준에게 한 말을 적어 보고 '인생사 새옹지마'라는 말의 의미를 생각해 보십시오. 그리고 여러분 인생에서도 비슷한 경험이 있었는지 이야기해 보십시오.

'인생사 새옹지마'라고 살다 보면

듣기 2

● 여러분이 좋아하는 위인은 누구입니까? 그 위인에 관련된 일화나 그 위인이 남긴 명언을 알고 있습니까?

Track 02

"지혜는 학교에서 배우는 것이 아니라 평생 노력해서 얻는 것이다." -알버트 아인슈타인

한숨(을) 쉬다 | 인턴사원 | 탈락하다 | (일이) 풀리다 | 그나저나 | 예능 | 맞히다 | 애니메이션 | 꼼짝없이 | 갇히다 | 상심 | 운명

1 아인슈타인은 성장기 때 어떤 모습이었습니까? 라디오 방송을 통해 들은 그의 일화 중 기억나는 것을 이야기해 보십시오.

2 아인슈타인이 위대한 발견을 하게 된 것은 그의 어떤 성품 때문입니까?

3 아인슈타인의 명언 2가지를 적어 보고 각각의 명언은 무엇에 대해서 이야기하는 것인지 설명해 보십시오.

(가) "나는 똑똑한 것이 아니라   "

(나) "한 번도 실수를 해보지 않은 사람은   "

과제

○ 여러분은 삶에 대해 어떠한 태도를 가지고 있습니까? 삶의 기준이 되어 주는 자신만의 '좌우명'을 적어 보고 왜 그러한 좌우명을 갖게 되었는지 이야기해 보십시오.

나의 좌우명

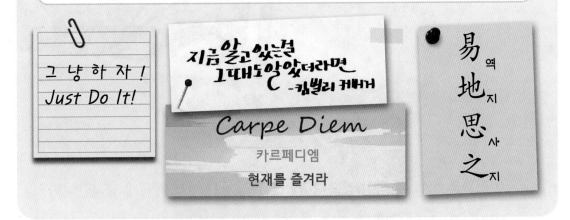

그냥 하자!
Just Do It!

지금 알고 있는걸 그때도 알았더라면 -킴벌리 커버거

Carpe Diem
카르페디엠
현재를 즐겨라

易地思之
역지사지

단지 | 상대성 이론 | 유년기 | 성장기 | (낙제를) 면하다 | 간신히 | 실수투성이 | 심지어 | 두렵다 | 비결 | 지적

1-2 사람의 운명

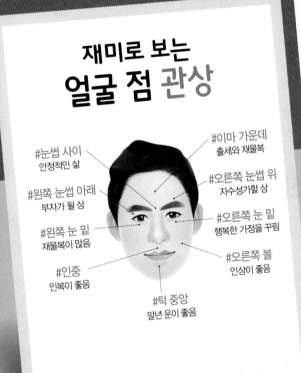

재미로 보는
얼굴 점 관상

#눈썹 사이
안정적인 삶

#왼쪽 눈썹 아래
부자가 될 상

#왼쪽 눈 밑
재물복이 많음

#인중
인복이 좋음

#이마 가운데
출세와 재물복

#오른쪽 눈썹 위
자수성가할 상

#오른쪽 눈 밑
행복한 가정을 꾸림

#오른쪽 볼
인상이 좋음

#턱 중앙
말년 운이 좋음

- 여러분은 점을 본 적이 있습니까? 그 결과에 대해서 어떻게 생각합니까?
- 여러분은 운명이 있다고 믿습니까? 아니면 운명 같은 것은 없다고 생각합니까?

V-노라면

> 요즘 되는 일이 하나도 없네요.
> 지원하는 회사마다 떨어지고
> 5년 동안 사귄 여자 친구한테도
> 차였어요.

> 사노라면 그럴 때도 있는 거예요.
> 너무 상심하지 말고 마음을 다잡으세요.

앞의 일이나 상황이 계속되면 자연스럽게 뒤의 상태가 되거나 그런 일이 가능함을 깨닫게 된다.
'V-다가 보면'과 비슷한 의미를 가진 표현으로 예스러운 느낌을 준다.

사노라면	그럴 때도 있다.
↓	↓
지속되는 일	가능한 일, 벌어질 수 있는 일

- **사노라면** 좋을 때도 있고 안 좋을 때도 있는 거죠.
- 섣부르게 일을 **시작하노라면** 실수를 할 때가 많다.
- 여행을 **하노라면** 예상하지 못한 일이 생기기도 합니다.
- 외지에 나와서 혼자 **지내노라면** 가족의 소중함을 알게 돼요.
- 첫째 아이가 하는 것을 **보고 있노라면** 자기 아빠를 많이 닮았다는 생각이 들어요.
- 사람들의 이야기를 가만히 **듣고 있노라면** 누구나 자신만의 생각이 있음을 알게 된다.

다잡다 | 섣부르다 | 외지

1 친구에게 다음과 같이 조언해 보십시오.

	계속 해야 하는 일	자연스럽게 깨닫게 되거나 따라 오는 결과
보기	매일 한두 시간씩 그림을 그리다	실력이 좋아지다
(1)		잊을 수 있다
(2)	포기하지 않고 열심히 노력하다	
(3)		문제 해결의 실마리를 찾다

보기   가   내년에 미대에 지원하려고 하는데 그림 실력이 늘지 않아서 걱정이에요.

            나   <u>매일 한두 시간씩 그림을 **그리노라면** 실력이 좋아질 거예요.</u>

(1) 가   헤어진 남자 친구를 잊을 수가 없어요.

     나   _____

(2) 가   부모님이 제가 하는 노력을 인정하지 않으세요.

     나   _____

(3) 가   요즘 두 나라의 외교적 갈등이 깊어지는 것 같은데 해결책이 없을까요?

     나   _____

2 다음 제시어와 관련하여 살면서 깨닫게 된 사실을 적어 보십시오.

보기   삶 : **사노라면** 기쁠 때도 있고 슬플 때도 있기 마련이다.

(1) 꿈

(2) 만남

문법 2

V-기 나름이다

> 제가 이번에 선배님이 다니는 회사에서 인턴으로 근무하게 되었는데요. 나중에 정직원이 될 수 있을까요?

> 그거야 네가 하기 나름이지. 누가 보든지 안 보든지 요령 피우지 말고 열심히 일하다 보면 좋은 기회가 오지 않을까?

❗ 지금 걱정하는 문제나 고민은 그것의 주체가 어떤 관점을 가지는지 혹은 어떻게 생각하고 행동하는지에 따라 그 결과가 달라질 수 있음을 나타낸다.

정직원이 되는 것은	네가 **하기 나름이다.**
↓	↓
걱정, 고민	**주체의 관점이나 행동**

- 행복은 **생각하기 나름이다.**
- 자식 교육은 부모가 **하기 나름입니다.**
- 성공과 실패는 자신이 **노력하기 나름이죠.**
- 이 영화는 열린 결말이라서 마지막 장면의 의미는 관객이 **해석하기 나름이다.**

🔍 걱정이나 고민을 표현하는 선행절에서는 'V-느냐 못하느냐는', 'V-는지 못하는지는', '얼마나(어떻게) V-는가는' 등의 표현을 사용하면 자연스럽다.

- 전자 제품을 오래 쓰느냐 못 쓰느냐는 **사용하기 나름이죠.**
- 직장에서 인정을 받을 수 있는지 없는지는 **노력하기 나름이다.**
- 얼마나 많은 돈을 이 회사에 투자할 것인가는 투자가가 **판단하기 나름입니다.**

정직원 | 요령(을) 피우다 | 열린 결말 | 해석하다 | 투자가

1 다음의 걱정이나 고민을 해결하려면 어떤 태도나 자세를 가지면 좋을지 조언해 주십시오.

보기 수업의 재미 •————————————• 참여하다

(1) 행복한 인생 •　　　　　　　　　• 교육하다

(2) 올바른 아이 •　　　　　　　　　• 생각하다

(3) 원하는 일 •　　　　　　　　　• 노력하다

보기 가 어떻게 하면 수업을 재미있게 들을 수 있을까요?

　　　나 수업을 재미있게 들을 수 있는지 없는지는 자신이 수업에 **참여하기 나름이죠.**

(1) 가 어떻게 하면 인생이 행복해질까요?

　　　나 _____

(2) 가 아이를 올바르게 키울 수 있을까요?

　　　나 _____

(3) 가 학교를 졸업한 후에 제가 원하는 일을 할 수 있을까요?

　　　나 _____

2 다음의 결과는 어떤 것에 의해 달라질까요? 여러분의 생각을 써 보십시오.

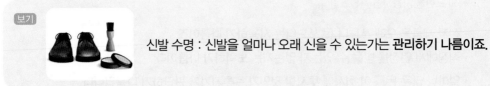

보기 신발 수명 : 신발을 얼마나 오래 신을 수 있는가는 **관리하기 나름이죠.**

(1) 발표의 수준

(2) 즐거운 여행

수명 ｜ 수준

읽기 어휘

1 사람의 앞날

운(수)	운명	운세
점	관상	손금

(1) ( ) : 손 안쪽에 새겨져 있는 선

(2) ( ) : 운명이나 운수가 몰려오는 기세

(3) ( ) : 과거나 앞날의 일을 알아맞히는 것

(4) ( ) : 얼굴에 나타난 그 사람의 성격이나 과거나 미래의 일

(5) ( ) : 이미 정해져 있어 어쩔 수 없이 일어나는 일이나 사건

(6) ( ) : 인간의 모든 것을 결정하는 초인간적인 힘

2 앞날에 대한 걱정과 대처

점치다	분석하다	축적되다	꺼리다
포장하다	수긍하다	뒷받침하다	합리화하다

(1) 그는 나의 말을 듣더니 자신이 잘못했다는 사실을 금방 ( ).

(2) 어머니는 여러 사람을 만나는 자리에 가는 것을 ( ).

(3) 이번 연구 결과는 그동안의 나의 주장이 틀리지 않았음을 ( ).

(4) 정부는 십 년 동안 조사한 인구 변화 자료를 ( ) 그 결과를 발표했다.

(5) 사주란 태어난 날짜와 시간 등을 기준으로 그 사람의 운명을 ( ) 것이다.

(6) 아무리 멋진 말로 자신을 ( ) 실력이 없다면 사람들의 신뢰를 얻기는 힘들다.

3 운세 설명

	금주의 운세 : 말 (1) ( )
겹치다	**월** 이동하면 손실이 발생하는 날. 웬만하면 밖에 나가지 말 것
길하다	**화** 산 넘어 산. 힘든 일들이 (2) ( ) 더 힘든 날
띠	**수** 일을 도와줄 사람을 만나 마음의 부담을 덜 수 있는 날
	목 계획하던 일을 실행에 옮기기 좋은 날
재물	**금** (3) ( ) 운이 따르는 날, 가만히 있어도 돈이 자신을 쫓아 온다.
존재감	**토** 자신 있는 태도로 주위 사람에게 (4) ( )을/를 드러낼 수 있는 날
	일 좋은 기운이 느껴지는 (5) ( ) 날

읽기 1

🚩 다음은 인터넷 사이트에 올라 온 오늘의 운세입니다. 자신의 띠별 운세를 확인해 보십시오.

오늘의 운세	**띠별 운세**	별자리 운세

쥐띠 08, 96, 84, 72년생
이동하면 손실이 발생하니 있던 곳을 떠나지 말 것.

소띠 09, 97, 85, 73년생
재물 운이 따르는 날. 적은 노력으로 큰 것을 얻는다.

호랑이띠 98, 86, 74, 62년생
자신의 뜻과 조금 다르더라도 전체의 결정을 따르는 것이 좋다.

토끼띠 99, 87, 75, 63년생
자신의 존재감을 보여 주는 날. 좋은 기운이 주위를 감싸는 길한 날.

용띠 00, 88, 76, 64년생
오랫만에 연락된 친구의 도움으로 부담을 덜게 될 것이다.

뱀띠 01, 89, 77, 65년생
오랫동안 고민하던 문제의 실마리를 찾을 수 있을 것.

말띠 02, 90, 78, 66년생
오랫동안 계획한 일이 있다면 오늘이 실행에 옮길 그날.

양띠 03, 91, 79, 67년생
산 넘어 산이다. 힘든 일들이 겹치니 정신이 없다.

원숭이띠 04, 92, 80, 68년생
만남과 헤어짐은 사람의 마음대로 되는 것이 아니다.

닭띠 05, 93, 91, 69년생
남들이 꺼리는 일을 당신이 맡게 될 수 있지만 좋은 기회가 될 것.

개띠 06, 94, 82, 70년생
운명은 수고와 노력을 그냥 지나치지 않는다.

돼지띠 07, 95, 83, 71년생
섣부른 비난은 자신에게 돌아온다. 자나 깨나 말조심.

읽기 2

🚩 '관상은 과학이다'라는 말을 들어 본 적이 있습니까? 한국 사회에서 그 말이 담고 있는 여러 의미를 다음 신문의 칼럼을 읽으면서 생각해 보십시오.

관상은 과학일까?

넓은 이마
큰 눈
긴 코

(가) 관상은 얼굴의 특징을 통해 사람의 성격과 운명을 파악하는 방법이다. 얼굴 모양, 눈, 코, 입, 귀 등의 형태와 위치, 그리고 주름, 점 등을 종합적으로 분석하여 개인의 성격, 건강, 운세 등을 예측한다. 예를 들어 넓은 이마는 지적이고 창의적인 성격을, 긴 코는 야망이 크고 리더십이 강한 성격을, 큰 눈은 호기심 많고 활발한 성격을 나타낸다고 한다.

▶ 내용 확인

1. 소재
   (가) 관상의 정의와 예

28

(나) 한국에서는 오랜 세월 관상을 통해 사람의 성향을 파악하고 운명을 점쳐 왔는데 점이나 운명 같은 것을 잘 믿지 않는 사람이라 하더라도 관상가의 말은 듣고 있노라면 비교적 그 내용이 잘 맞는다고 수긍하게 되는 경우가 많다. 오랜 역사 속에서 형성된 관상학적 사고방식은 한국 사람들의 미래에 대한 호기심을 채워 주고 불안한 마음을 덜어 주는 역할을 해왔다.

(다) 최근 인터넷과 SNS 등에 달린 댓글을 읽다 보면 '역시 관상은 과학이네!'와 같은 말이 많이 보인다. 보통 이런 말은 범죄를 저지른 흉악범의 얼굴이 공개되거나 사회적 물의를 일으킨 유명인들의 기사에 달린 댓글에서 쉽게 찾을 수 있다. 그러나 관상은 수많은 사람들의 얼굴을 오랫동안 보아 온 관상가의 축적된 경험에서 나온 말들이 미래를 알고 싶어 하는 사람들의 욕망과 만나 설득력을 얻게 된 의견일 뿐이지 과학적 관점에서는 타당성을 뒷받침할 만한 근거가 부족하다.

(라) 관상이 과학적인 연구의 결과물이 아니라는 것은 누구나 알고 있다. 그럼에도 사람들이 이런 말을 만들어 내서 사용하는 것은 다른 사람의 인상을 통해 갖게 된 자신의 편견을 과학이라는 이름으로 포장해서 합리화하고 싶어 하기 때문이 아닐까? 문제는 개인의 이러한 편견들이 사회적 통념으로 받아들여진다면 이 사회는 사람의 생김새나 외모로 타인의 성품이나 행동을 예상하고 평가하는 것이 당연시되는 사회가 될 것이라는 점이다.

(마) 가끔은 알 수 없는 타인에 관한 호기심을 풀기 위해 관상이라는 작은 힌트를 이용할 수도 있다. 그러나 관상은 그 사람이 어떤 사람인지 규정하거나 그 사람이 과거에 했던 혹은 미래에 할 행동을 말해 주지 않는다. 그러므로 우리는 관상을 통해 타인을 섣부르게 판단하면 안 된다. 한 사람의 성품이나 운명이 관상에 의해 정해져 있는 것이라면 개인의 의지와 노력은 아무런 의미가 없을 것이기 때문이다. 사람의 운명은 무언가에 의해 정해져 있는 것이 아니라 스스로 만들어 가기 나름인 것이다.

(나) _____
_____

(다) 관상과 과학의
관계

(라) 관상의 부정적
효과

(마) _____
_____

2. 주제
관상이 사람의 미래를 결정짓지 않는다. 사람의 미래는 _____
_____
_____

▶ 표현 확인

한 사람의 성품이나 운명이 **관상에 의해 정해져 있는** 것이라면 개인의 의지와 노력은 아무런 의미가 없을 것이기 때문이다.

N에 의해 정해지다
: 어떤 기준에 따라 선택되거나 결정됨.

예 앉는 자리는 이름 순서**에 의해 정해집니**다.

주름 │ 종합적 │ 이마 │ 야망 │ 호기심 │ 사고방식 │ 채우다 │ 덜다 │ 흉악범 │ 물의 │ 설득력 │ 타당성 │ 그럼에도 │ 편견 │ 통념 │ 생김새 │ 성품 │ 당연시 │ 힌트 │ 규정하다

1 위의 내용을 읽고 관상의 긍정적 효과와 부정적 효과를 요약해서 정리해 보십시오.

긍정적 기능	부정적 기능

2 다음 질문을 읽고 대답해 보십시오.

(1) '관상'은 무엇입니까?

(2) 사람들이 SNS 등에서 '관상은 과학이다'라고 이야기하는 이유는 무엇입니까?

(3) 필자는 운명에 대해서 어떤 생각을 가지고 있습니까?

3 여러분은 사람의 인생이 어떻게 결정된다고 생각합니까? 아래의 표현을 사용해서 이야기해 보십시오.

N에 의해 정해지다

과제

○ 다음은 손금을 보는 기본적인 방법입니다. 제시된 자료를 참고하여 손금에 나타나 있는 자신과 주변 사람들의 운명에 대해 이야기해 보십시오.

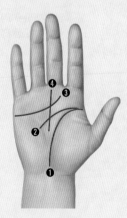

1. **생명선** – 선이 길고 선명하게 쭉 뻗어 있으면 아픈 곳 없이 오래 삶.

   선이 다른 선에 의해 끊긴다면 중간에 사고를 당할 확률이 큼.

2. **두뇌선** – 선이 뚜렷하고 길면 자기 생각이 분명하고 집중을 잘함.

   선이 갈리면 예술적 능력이 뛰어남.

3. **감정선** – 선이 길면 자신의 감정이나 정서를 자유롭게 표현함.

   선이 희미하면 냉정한 성격이며 개인주의적임.

4. **운명선** – 선이 뚜렷하면 운명에 의해 지배를 많이 받음.

   선이 끊어지거나 방향이 바뀌면 외부 영향으로 삶이 바뀜.

어휘 늘리기

생각을 나타내는 여러 한자어는
무엇이 다를까?

-견(見)

한자 견(見)은 눈에 다리가 달린 것을 표현한 것으로, 주로 어떤 대상에 대한 개인적인 생각을 밖으로 표출하는 말에 쓰입니다.

견해
의견
편견
선입견
(   )

-념(念)

한자 념(念)은 입 밖으로 마음이 나오지 못하는 모양을 표현한 것으로 어떤 대상에 대하여 속으로 생각하는 것을 표현하는 말에 쓰입니다.

개념
통념
관념
고정관념
(   )

-관(觀)

한자 관(觀)은 큰 새가 나무 위에서 바라보는 것을 표현한 글자로 어떤 주제에 관하여 거시적이고 종합적으로 가지고 있는 생각을 표현하는 말에 쓰입니다.

관점
인생관
직업관
결혼관
(   )

사고(思考)

문제에 대처하는 방법으로서의 생각을 나타내는 말에 쓰입니다.

사고방식
논리적 사고
이성적 사고
편향적 사고
(   )

이야기해 봅시다.

- 여러분의 인생관, 직업관, 결혼관은 무엇입니까?
- 자신이 가지고 있거나 혹은 가졌었던 편견, 선입견, 고정관념에 대해 이야기해 보세요.

속담

- **공든 탑이 무너지랴?**
  열심히 한 일에 대해서는 반드시 그 보상이 따른다는 말
- **구슬이 서 말이라도 꿰어야 보배이다.**
  아무리 좋은 것이라도 다듬고 정리해야 가치가 생긴다는 말

TOPIK 유형으로 확인하기

문법과 표현
- 학창 시절의 아인슈타인은 **평범했을뿐더러** 성적도 별로 좋지 않았다.
- 나는 내 아이들이 미래에 행복한 삶을 **살았으면** 싶다.
- **사노라면** 기쁠 때도 있고 슬플 때도 있다.
- 인생의 모든 일은 자기가 **하기 나름이다**.

◎ 주어진 단어를 활용하여 빈칸에 다양한 말을 넣어 보십시오.

정확하지도 않다

관상으로 보는 점은 (   ) 비과학적이라서 믿을 수 없다.

(1) 빈칸에는 어떤 표현들을 사용해 볼 수 있을까요?

    보기 정확하지도 않고 … _____

(2) 위의 표현 중에 가장 적절하다고 생각되는 표현은 무엇입니까? 자신이 그 표현을 선택한 이유를 이야기해 보십시오.

실전 연습

※ [1~2] (   )에 들어갈 말로 가장 알맞은 것을 고르십시오.

1. (   )

    계속해서 (   ) 언젠가는 원하는 결과를 얻게 될 것이다.

    ① 노력했더니   ② 노력하다가는

    ③ 노력하는데도   ④ 노력하노라면

2. (   )

    그 카페는 손님이 너무 많아서 (   ) 들어가도 앉을 자리가 없다.

    ① 들어가기 힘든 만큼   ② 들어가기 힘들뿐더러

    ③ 들어가기 힘든 탓에   ④ 들어가기 힘든 반면에

◎ 밑줄 친 부분과 바꿔 쓸 수 있는 표현들을 적어 보십시오.

나는 많은 사람들이 나이를 따지지 않고 자신이 하고 싶은 일에 **도전했으면 싶다.**

(1) 밑줄 친 표현은 어떤 표현으로 바꿔 볼 수 있을까요?

　　보기　도전했으면 한다 … ＿＿＿＿＿＿＿＿＿＿＿＿＿＿＿＿＿＿＿＿＿＿＿

(2) 자신이 적은 표현과 제시된 표현 사이에는 어떤 차이가 있습니까? 두 표현을 비교해서 설명해 보십시오.

※ [3–4] 밑줄 친 부분과 의미가 가장 비슷한 것을 고르십시오.

3.　(　　　)

　　자신의 인생이 행복한지 아닌지는 생각하기 나름이다.

　　① 생각하기 마련이다　　　　　　② 생각해 볼 만하다
　　③ 생각할 수조차 없다　　　　　　④ 생각에 따라서 달라진다

4.　(　　　)

　　내년에는 꼭 독립해서 부모님과 따로 살았으면 싶다.

　　① 살까 싶다　　　　　　　　　　② 살았으면 좋겠다
　　③ 살고 싶어한다　　　　　　　　④ 살지도 모르겠다

비교해 봅시다

'–고 싶다' vs '–았/었으면 싶다'
문법적으로 '–고 싶다'는 동사에만 결합하고 문장의 주어와 희망하는 행위의 주체가 '나'로 일치하는 경우에만 사용한다.
반면 '–았/었으면 싶다'는 형용사와도 결합할 수 있고, 문장의 주어와 그 주어가 희망하는 행위의 주체가 일치하지 않아도
상관없다.

　• 나는 친구의 말을 믿고 싶다.　　　→　　(주어 = 나, 주어가 희망하는 행위의 주체 = 나)
　• 나는 친구들이 내 말을 믿었으면 싶다.　→　　(주어 = 나, 주어가 희망하는 행위의 주체 = 친구들)

읽기

1 다음은 무엇에 대한 글인지 고르십시오. (   )

2013년 개봉작 <관상>, 개봉 15주년 기념 재개봉 확정
오직 **홍익 시네마**에서만

① 운세   ② 영화   ③ 도서   ④ 음악

2 (   )에 들어갈 말로 가장 알맞은 것을 고르십시오. (   )

"천재는 1%의 영감과 99%의 땀으로 이루어진다." 이 말은 발명가 에디슨의 성공 철학을 가장 잘 나타내는 말이다. 대부분의 사람들은 천재는 타고나는 것이라고 오해하지만 그는 이 말을 통해 천재는 천부적인 재능에 의해 만들어지는 것이 아니라 (   ) 강조한다. 에디슨은 평생 동안 1,000여 개의 발명품을 남겼지만, 그 과정에서 수많은 실패와 어려움을 겪기도 했다. 하지만 그는 포기하지 않고 끊임없이 노력하여 결국 성공을 거두었다. 그의 이러한 경험은 우리에게 좌절과 실패에도 포기하지 않고 꿈을 향해 나아가는 것이 중요하다는 것을 가르쳐 준다.

① 운명에 의해 정해지는 것임을

② 자신만의 철학이 있어야 함을

③ 노력에 의해 만들어지는 것임을

④ 성공을 통해 인정받은 사람임을

[3-4] 다음을 읽고 물음에 답하십시오.

최근 인터넷과 SNS 등에 달린 댓글을 읽다 보면 '역시 관상은 과학이네'와 같은 말이 많이 보인다. 보통 이런 말은 범죄를 저지른 흉악범의 얼굴이 공개되거나 사회적 물의를 일으킨 유명인들의 기사에 달린 댓글에서 쉽게 찾을 수 있다. (　　　　　　) 관상은 수많은 사람들의 얼굴을 오랫동안 보아 온 관상가의 축적된 경험에서 나온 말들이 미래를 알고 싶어 하는 사람들의 욕망과 만나 그럴듯한 얘기로 포장된 것뿐이지 과학적 관점에서는 관상의 타당성을 뒷받침할 만한 충분한 근거는 부족하다. 관상이 과학적인 연구의 결과물이 아니라는 것은 누구나 알고 있다. 그럼에도 사람들이 이런 말을 만들어 내서 사용하는 것은 다른 사람의 인상을 통해 갖게 된 자신의 편견을 과학이라는 이름으로 포장해서 합리화하고 싶어 하기 때문이 아닐까? 문제는 개인의 이러한 편견들이 사회적 통념으로 받아들여진다면 이 사회는 사람의 생김새나 외모로 타인의 성품이나 행동을 예상하고 평가하는 것이 당연시되는 사회가 될 것이라는 점이다.

3 (　　　　)에 들어갈 말로 가장 알맞은 것을 고르십시오. (　　　　)

① 그래서　　　　　　　　　　　② 그래도

③ 그러나　　　　　　　　　　　④ 그러므로

4 윗글의 주제로 알맞은 것을 고르십시오. (　　　　)

① 관상의 타당성을 뒷받침할 근거를 찾아야 한다.

② 거짓으로 포장된 관상가의 말을 믿어서는 안 된다.

③ 흉악범이나 문제를 일으킨 연예인이라도 함부로 비난해서는 안 된다.

④ '관상은 과학이다'라는 말을 핑계로 타인에 대한 편견을 합리화해서는 안 된다.

더 읽어 보기

• '관상'이라는 한국 영화를 본 적 있습니까? 어떤 내용의 영화일까요?

2013년 개봉한 한국 영화 '관상'은 조선 시대를 배경으로 뛰어난 관상 능력을 가진 주인공이 자신의 능력으로 인해 겪는 갈등과 고뇌를 다룬 작품이다. 영화 속 관상가는 관상을 통해서 다른 사람들의 삶을 예측하고 미래를 내다볼 수 있는 천재적인 능력을 가지고 있다. 하지만 그의 능력은 주변 사람들에게 두려움과 의심을 불러일으키고, 결국 자신과 가족까지도 위험에 빠뜨린다. 영화는 관상학에 대한 그 당시 사회적 인식을 보여 주는 동시에 그 위험성과 한계를 제시한다.

듣기

1 다음을 듣고 가장 알맞은 그림을 고르십시오. (   )

Track 03

2 다음을 듣고 이어질 수 있는 말로 가장 알맞은 것을 고르십시오. (   )

Track 04

① 힘내요. 누가 알아요? 전화위복이라고 곧 좋은 일이 생길지?

② 인생사 새옹지마라고 서준 씨한테는 계속 안 좋은 일만 있군요.

③ 서준 씨 같은 대기만성형의 사람은 한 직장에 오래 다니기 힘들어요.

④ 우물을 파도 한 우물을 파라고 한 가지 일에만 집중하더니 결국 해냈군요.

[3-4] 다음을 듣고 물음에 답하십시오.

Track 05

3 무엇에 대한 내용인지 알맞은 것을 고르십시오. (   )

① 성공하는 사람의 자세   ② 아인슈타인이 좋아하는 명언

③ 아이를 천재로 키우는 방법   ④ 아인슈타인의 어린 시절 일화

4 들은 내용과 같은 것을 고르십시오. (   )

① 아인슈타인은 타협을 잘했다.

② 아인슈타인은 꾸준히 노력하는 사람이었다.

③ 아인슈타인이 성공했던 이유는 실수가 거의 없었기 때문이다.

④ 아인슈타인이 천재라고 불린 이유는 타고난 지적 능력과 재능 덕분이다.

말하기

● 다음은 청력을 잃은 베토벤이 교향곡 9번 '운명'을 작곡하게 된 과정입니다.
그림을 보고 어떤 일이 있었는지 이야기해 보십시오.

Track 06

쓰기

● '중학생의 희망 직업'에 대해 조사한 그래프입니다. 이 내용을 200–300자의 글로 쓰십시오. 단, 글의
제목은 쓰지 마십시오.

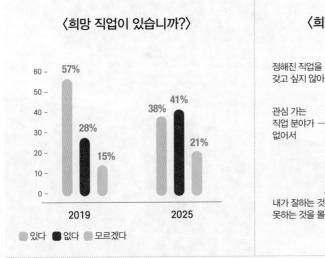

〈희망 직업이 있습니까?〉

- 57% 28% 15% (2019)
- 38% 41% 21% (2025)
- 있다 없다 모르겠다

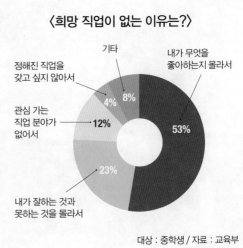

〈희망 직업이 없는 이유는?〉

- 기타 8%
- 정해진 직업을 갖고 싶지 않아서 4%
- 내가 무엇을 좋아하는지 몰라서 53%
- 관심 가는 직업 분야가 없어서 12%
- 내가 잘하는 것과 못하는 것을 몰라서 23%

대상 : 중학생 / 자료 : 교육부

· 원인 – 롤 모델의 부재, 지나치게 경쟁적인 사회 분위기

· 해결 방안 – 유명 인사 학교 초청 강연, 체험과 실습 위주의 교육

music

CHAPTER

2

언어와 사고

2-1 한국어의 특징

- 현재 본인의 한국어 구사 능력 중 가장 부족한 부분은 무엇이라고 생각합니까?
- 한국어의 대표적인 특징으로 무엇을 들 수 있습니까?

문법 1

N(이)란

말은 정말 함부로 하면 안 되는 것 같아요. 생각 없이 한 말에 상처를 받을 수도 있으니까요.

맞아요. 말이란 한 번 내뱉으면 다시 되돌릴 수 없으니 조심할 필요가 있어요.

대상을 정의하거나 설명할 때 주로 사용하며, 어떤 상황이나 특징을 강조하거나 일반적인 이치를 나타낼 때도 사용한다.

말이란	한 번 내뱉으면 다시 되돌릴 수 없다.
↓	↓
대상 (상황)	대상의 상태나 특징을 강조함

- **언어란** 인간의 의사소통 수단이다.
- **관상이란** 사람의 얼굴 모습이나 생김새를 말한다.
- **돈이란** 원래 있다가도 없고 없다가도 생기기 마련이에요.
- **인생이란** 흐르는 물과 같아서 한 번 지나가면 다시 돌아오지 않아요.
- 아무리 나이가 많은 자식이라도 부모에게 **자식이란** 늘 걱정되는 존재예요.

'V-기란'의 형태로도 쓰이는데 주로 상황이나 특징을 강조할 때 사용된다.

- 외국인이 한국어 존댓말을 완벽하게 **사용하기란** 여간 어려운 일이 아니다.
- 낯선 곳에서 혼자 **살아가기란** 생각보다 외롭고 힘든 일이더라고요.

함부로 | 내뱉다 | 되돌리다

1 다음의 대상을 사전적 정의를 사용하여 설명해 보세요.

> 보기 모국어란? **모국어란** 자기 나라의 말로 주로 외국에 나가 있는 사람이 자기 나라의 말을 이를 때 사용한다.

(1) 맞춤법이란? _____

_____

(2) 외래어란? _____

_____

(3) 논설문이란? _____

_____

2 다음의 대상을 특징에 맞게 비유적으로 설명해 보세요.

> 보기  내가 생각하는 인생이란?
> **인생이란** 등산과 같아서 오르막길이 있으면 내리막길도 있다.

 (1) 사랑이란?

 (2) 행복이란?

 (3) 성공이란?

맞춤법 | 논설문 | 내리막길

문법 2

A-(으)ㄴ지, V-는지

> 한국에서 생활하면서 좀 특이하다고 생각했던 점이 있어요?

> 네, **존댓말 때문인지** 초면에도 나이를 물어보는 경우가 많더라고요.

❗ 후행절의 내용에 대한 막연한 이유나 상황을 설명할 때 사용한다.

존댓말 때문인지	나이를 물어보는 경우가 많다.

↓

짐작하는 이유 (상황)

- 첸 씨가 요즘 **바쁜지** 통 연락이 없네요.
- 중요한 이야기를 **하는지** 다들 심각해 보여요.
- 오늘 **휴무인지** 아무리 전화를 해도 안 받던데요.
- 친구가 술을 얼마나 많이 **마셨는지** 어제 일을 하나도 기억 못 하더라고요.
- 잠이 **부족했는지** 수업 내내 졸려서 죽는 줄 알았어.

🔍 'A/V-아/어서 그런지'의 형태로도 사용된다.

- 첸 씨가 요즘 **바빠서 그런지** 통 연락이 없네요.
- 너무 **더워서 그런지** 올여름에는 장사가 잘 안 돼요.

특이하다 | 초면 | 통

1 여러분이 생각하는 한국, 한국 사람들의 특징을 이유와 함께 말해 보세요.

> 보기 가 한국 사람들은 왜 그렇게 나이를 궁금해하는지 모르겠어요.
>
> 나 아무래도 **존댓말 때문인지** 초면에도 나이를 물어보는 경우가 종종 있어요.

(1) 가 서울은 밤늦게까지 불이 꺼지지 않는 도시예요.

   나 맞아요. _____ 밤에도 거리에 사람들이 많이 돌아다녀요.

(2) 가 한국은 노래방이 참 많은 것 같아요.

   나 그러게요. _____ 노래를 잘 부르는 사람도 많고요.

(3) 가 편의점에서 다양한 숙취 해소 음료를 파는 게 너무 신기했어요.

   나 맞아요. _____ 약뿐만 아니라 음료수로도 만들었나 봐요.

2 다음 사진을 보고 상황을 추측해서 이야기해 보세요.

| 보기 | (1) | (2) | (3) |

> 보기 남자가 **늦잠을 잤는지** 시간을 확인하고 깜짝 놀라네요.

(1) _____

(2) _____

(3) _____

숙취

듣기 어휘

1 문장의 요소

주어	목적어	서술어	부사어	조사

(1) (　　　　　) : 동사나 형용사 앞에 놓여 그 뜻을 분명하게 하는 말

(2) (　　　　　) : 동작의 대상이 되는 말

(3) (　　　　　) : 움직임, 상태, 성질 등을 나타내는 말

(4) (　　　　　) : 문법적 관계를 표시하거나 말의 뜻을 도와주는 것

(5) (　　　　　) : 동작이나 상태의 주체가 되는 말

> **내가** 아버지께 **반말을 썼더니** 아버지**께서** **크게** 화를 내셨다.
>　(5)　　　　　　　(　)　(　)　　　　(　)(　)

2 대화의 요소

화자	청자	차별	위계	격식
높임	존댓말	반말	불가분	기준

(1) 한국어는 말하는 사람과 (화자 / 청자)의 관계에 따라 종결 형태를 다르게 사용한다.

(2) 상대방이 나이가 어리더라도 지위가 높으면 (존댓말 / 반말)을 사용해야 한다.

(3) 결혼식에 참석할 때는 (격식 / 기준)에 맞는 옷차림이 필요하다.

(4) 일상 언어에도 (차별 / 높임)의 의미가 담겨 있는 경우가 있으므로 주의해야 한다.

(5) 정치와 경제는 (위계 / 불가분)의 관계라고 볼 수 있다.

3 존댓말의 아이러니

꼽다	한국에서 살고 있거나 살아 본 적이 있는 외국인들에게 한국 생활에서
불쾌감	다소 (1) (　　　　　　) 느꼈던 것들을 (2) (　　　　　　) 보라면 대부분
생소하다	(3) (　　　　　　)에 나이 같은 사적인 질문을 하는 경우라고 대답한
자칫	다. 이것은 존댓말을 사용하는 데서 비롯된 자연스러운 문화라 할지라도
초면	(4) (　　　　　　) 상대방에게 (5) (　　　　　　)을/를 줄 수 있기 때문에
	주의할 필요가 있다.

듣기 1

● 다음을 듣고 질문에 답해 보십시오.

Track 07

1 카린이 파비우보다 좀 더 쉽게 한국어를 배울 수 있었던 이유는 무엇입니까?

2 파비우가 선생님께 한 말에는 어떤 문제가 있습니까?

3 카린과 파비우가 이상하다고 생각한 말들에는 어떤 문제가 있습니까? 왜 이런 표현을 사용한다고 생각합니까?

듣기 2

● 여러분은 한국어의 높임말을 제대로 사용하고 있습니까?
다음 강연을 듣고 한국어의 높임법 체계와 사용 원리에 대해 알아봅시다.

Track 08

여전히 | 여쭈다 | 아무튼 | 진료실

 다음 빈칸에 강연 내용을 메모하면서 들으십시오.

	주체 높임법	( )	( )
대상 관계	화자와 문장의 주어		
표현 방법	· ·	· 조사를 바꾼다. (에게 → 께) ·	· ·

② 한국어 높임법 중 가장 주의해야 하는 것은 무엇이며 그렇게 생각하는 이유는 무엇입니까?

③ 한국어 높임법 사용의 문제점으로 지적하고 있는 것은 무엇입니까?

과제

○ 여러분의 가족이나 주변 사람들 중에서 가장 존경하는 분은 누구입니까? 그분에 대해 간단히 소개하고
여러분에게 어떤 영향을 주었는지, 또 어떤 점을 존경하는지에 대해 높임법 체계에 맞춰 이야기해 보십시오.

· 나와의 관계
· 나에게 미친 영향 (평소에 자주 하셨던 말, 행동 등)
· 존경하는 점, 닮고 싶은 부분

: 제게 가족이란 생각만 해도 늘 힘이 되는 존재인데요. 그런 가족 중에서도 제게 가장 큰 영향을 주신
분은 …

작동하다 | 주체 | 객체 | 일부 | 앞서 | 종결 | 존중 | 사고

- 언어란 무엇이라고 생각합니까?

- 여러분의 모국어에 비해 한국어에 많은 어휘나 표현에는 어떤 것이 있습니까?
  어떤 의미를 나타내는 표현들이 발달했습니까?

문법 1

A/V-(으)ㄹ지라도

네, 비록 언어와 문화는 다를지라도 서로 우애를 다지고 직접 교류하며 배울 수 있는 좋은 기회가 될 것입니다.

이번 세계 청소년 축제에 참여하기 위해 각국에서 온 수만 명의 청소년들이 한국에 모였네요.

제시된 상황이나 상태를 인정하거나 가정한다고 해도 그것과 상관없이 어떤 일이 생기거나 혹은 반대되는 상황이 발생한다는 것을 나타낼 때 사용한다.

언어와 문화는 **다를지라도**	서로 우애를 다지고 배울 수 있다.
↓	↓
현재의 상황	(앞의 상황과) 상관없이 가능한 일

- 우리는 서로 자란 환경은 **다를지라도** 성향이 비슷해서 금세 친해질 수 있었다.
- 내일 비가 **올지라도** 행사는 예정대로 진행됩니다.
- 동생이 잘못을 **했을지라도** 형인 네가 참았어야지.
- 집에 돈은 **많지 않았을지라도** 행복한 유년 시절을 보냈다.
- 아무리 부모 자식 **사이일지라도** 터놓지 못할 일도 있기 마련이다.

'설령/설사 A/V-(으)ㄹ지라도'의 형태로도 사용된다.

- **설령** 동생이 잘못을 **했을지라도** 형인 네가 참았어야지.
- 그의 말이 **설사 거짓일지라도** 그를 미워하지는 않겠다.

수만 | 우애를 다지다 | 금세 | 터놓다 | 설령 | 설사

1 다음 기사를 읽고 보기 와 같이 의견을 써 보십시오.

> 보기 "지하철의 적자 운영으로 인해 현재 노인들의 무료 승차 기준 나이를 높여야 한다는
> 주장이 제기되고 있다."

> (1) "최근 물가 인상의 여파가 대학가까지 영향을 주고 있다. 여러 학교에서 학생 식당의
> 밥값이 속속 오르고 있으며 등록금까지 인상될 예정이어서 학부모와 학생들의 걱정
> 역시 커지고 있다."

> (2) "반려동물을 키우는 가정이 늘고 반려동물도 가족이라는 인식이 확산되면서
> 반려동물 의류나 용품에 대한 소비가 큰 폭으로 증가하고 있다."

> (3) "저출산 현상을 극복하고자 정부에서는 출산 장려금, 육아 수당 등 다양한 금융 지원
> 대책을 발표하고 있으나 출산율은 꾸준히 감소하고 있어 정부의 고민이 깊어지고 있다."

> 보기 아무리 지하철 운영이 **적자일지라도** 노인들의 혜택을 줄이면 안 된다고 생각해요.

(1) _____

(2) _____

(3) _____

2 다음의 문제를 어떻게 해결해 나가야 합니까? 다음의 문장을 완성해 보십시오.

> 보기 저출산 : **비용이 많이 들지라도** 현실적으로 도움이 되는 방법을 찾아 지원해야 한다.

(1) 사이버 범죄

(2) 기후 위기

운영 | 승차 | 제기되다 | 여파 | 장려금 | 수당 | 대책

문법 2

V-기 십상이다

> 요즘 거리를 걷다 보면 여기가 과연 서울이 맞는지 의심스럽습니다.

> 맞습니다. 외래어를 이렇게 무분별하게 사용하다 보면 올바른 표현조차 헷갈리기 십상이라 걱정이 되기는 합니다.

ⓘ 현재의 상황으로 볼 때 제시된 상황처럼 될 확률이 높음을 나타낼 때 사용한다.

외래어를 무분별하게 사용하다 보면	올바른 표현조차 헷갈리기 십상이다.
↓	↓
현재의 상황	일어나기 쉬운 결과 (부정적)

- 환절기에 얇게 입고 다니면 감기에 **걸리기 십상이다.**
- 스마트폰을 오래 사용하면 눈이 **나빠지기 십상인데** 아이가 말을 안 듣네요.
- 무리해서 하면 금방 **지치기 십상이니** 쉬엄쉬엄하는 게 좋겠어.
- 그렇게 성의 없이 했다가는 **욕먹기 십상이니까** 신경 좀 쓰세요.
- 서두르다 보면 **실수하기 십상이니까** 침착하게 해.

🔍 비슷한 표현으로 '십중팔구'가 있다. ('열 가운데 여덟이나 아홉' 정도로 거의 대부분이거나 틀림없다는 의미로 사용된다.)

- 모르는 번호로 걸려오는 전화는 **십중팔구** 광고 전화다.
- 그때 헤어지지 않았더라면 **십중팔구** 두 사람은 부부가 되었을 것이다.

의심스럽다 | 무분별하다 | 환절기 | 쉬엄쉬엄 | 성의 | 욕먹다

연습

1 현재의 상황에서 예상되는 결과와 그에 따른 제안을 보기 와 같이 완성해 보십시오.

	현재 상황	예상되는 결과	제안
보기	졸릴 때 운전을 하다	사고를 내다	잠깐 쉬었다가 가다
(1)	아이 때부터 비만이다	성인병이 생기다	
(2)	무턱대고 투자하다		
(3)	오래 앉아서 일하다	자세가 나빠지다	

보기 가 어제 잠을 못 잤더니 계속 졸리네요.

나 **졸릴 때 운전을 하다가는 사고 내기 십상이에요.** 잠깐 쉬었다가 갑시다.

(1) 가 아이가 살이 많이 쪄서 좀 걱정이 되네요. 큰 문제는 없을까요?

나 _____

(2) 가 친구가 좋은 주식이 있다고 해서 사 볼까 하는데.

나 _____

(3) 가 오래 앉아서 일해서 그런지 목이랑 허리가 안 좋아지는 것 같아.

나 _____

2 다음 사람들이 주의해야 할 점은 무엇입니까? 여러분의 생각을 써 보십시오.

〈커피 / 위〉

〈등산 / 상처〉

〈바닷가 / 화상〉

보기 아침에 아무것도 먹지 않고 커피만 마시면 위에 **문제가 생기기 십상이에요.**

(1)

(2)

성인병 │ 무턱대고 │ 자세

읽기 어휘

1 언어와 사고

사고력	언어학	의사소통	언어 감수성	언어 결정론

(1) (   ) : 사용하는 언어에 특정 단어가 있을 때만 그 개념을 떠올릴 수 있음.
즉, 언어가 생각을 결정함.

(2) (   ) : 생각하는 힘

(3) (   ) : 가지고 있는 생각이나 뜻이 서로 통함.

(4) (   ) : 인간의 언어와 관련한 여러 현상을 연구하는 학문

(5) (   ) : 일상생활에서 쓰는 표현 중에 비하하거나 차별하는 표현이 없는지를 살피는 능력

2 언어의 배경

인식	해석	접촉	장치	현상
경향	분야	존재	장애	영향

(1) 요즘 골프에 대한 인기가 높아졌으나 여전히 비싼 운동이라는 (인식 / 해석)이 있다.

(2) 문자 메시지의 사용 때문인지 말을 줄여서 사용하는 (현상 / 경향)이 점점 심해진다.

(3) AI의 발달로 여러 산업 (분야 / 존재)에서 많은 변화가 예상된다.

(4) 자식은 부모의 거울이라는 말처럼 자식에게 미치는 부모의 (접촉 / 영향)은 절대적이다.

(5) 오늘 전기 시설에 (장치 / 장애)가 생겨서 엘리베이터의 작동이 잠시 멈췄다.

3 언어와 상호작용

구애를 받다	(1) 부모들은 아이들에게 부정적인 표현의 사용을 ( ).
끼치다	(2) 인성보다 성적이 ( ) 현재의 교육에는 문제가 있다.
언급하다	(3) 이번 토론은 시간에 ( ) 않고 끝까지 진행될 예정입니다.
우선시되다	(4) 본의 아니게 폐를 ( ) 죄송합니다.
지양하다	(5) 회의 중에 사장님께서 나를 모범 사례로 특별히 ( ) 깜짝 놀랐다.

읽기 1

📌 다음은 언어에 관한 정의와 설명들입니다. 언어의 어떤 점을 중심으로 설명하고 있는지, 각각에서 의미하는 바는 무엇인지 여러분의 생각을 이야기해 보십시오.

"나의 언어의 한계가 나의 세계의 한계다."

—루드비히 비트겐슈타인

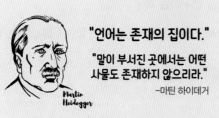

"언어는 존재의 집이다."
"말이 부서진 곳에서는 어떤 사물도 존재하지 않으리라."

—마틴 하이데거

언어는 문화의 거울

읽기 2

📌 언어와 사고는 어떤 관계일까요? 다음을 읽고 질문에 대답해 보십시오.

언어란 생각의 감옥인가?

(가) 어느 날 여러 대의 외계 비행 물체가 지구 상공에 등장하고 이들이 지구에 온 이유를 밝혀내기 위해 전문가들이 그들과 접촉을 시도한다. 특히 이들 중 언어학자인 주인공이 외계인들의 언어를 알아가는 과정에서 그들의 사고 체계를 이해하게 되고 시간에 구애를 받지 않고 과거-현재-미래를 동시에 인지하는 외계인들의 능력까지 얻게 되면서 세상을 다른 눈으로 바라보기 시작한다. 영화 'Arrival'(2016)에서는 '언어가 사고를 결정한다'는 언어 결정론이 영화의 주제를 설명하는 주요 장치로 사용되고 있다.

▶ 내용 확인

1. 소재
   (가) 영화 'Arrival'에 나타난 언어 결정론

(나) '무지개는 몇 가지 색인가?'라는 질문을 받았을 때 대다수의 사람들은 생각도 해 보지 않고 '빨주노초파남보' 일곱 색깔 무지개라고 답하기 십상이다. 하지만 어떤 언어권에서는 여섯 색깔 무지개가 되고 심지어 두 가지 또는 서른 색깔의 무지개가 되기도 한다. 무지개는 물리적인 현상이기 때문에 보는 장소와 사람이 다를지라도 그 색 자체가 다를 수는 없다. 그런데 왜 그들에게는 다섯 가지, 여섯 가지 색으로 보이는 것일까? 또한 '다리'를 남성 명사로 인식하고 있는 스페인 사람에게 금문교의 사진을 보여주면 '웅장하다, 멋있다, 장엄하다'라고 하는 반면 여성 명사로 사용하는 독일인들은 '우아하다, 아름답다, 예쁘다'라고 표현하는 경향이 있다고 한다. 이처럼 같은 것을 보거나 들어도 그것에 대한 인지는 사용하는 언어에 따라 달라지는 것을 알 수 있다.

(나) _____
_____

(다) 사피어–워프 가설
(언어적 상대성)

(라) _____
_____

(마) 언어와 사고는 불가
분의 관계에 있다.

2. 주제
언어와 사고는 서로 영
향을 주고받는 관계로
_____
_____

(다) 그렇다면 과연 언어란 생각의 감옥일까? 일명 '사피어–워프 가설 (Sapir-Whorf hypothesis)'로 불리는 언어적 상대성은 언어학뿐만 아니라 다양한 학문 분야에 걸쳐 논란이 되어 왔는데 '언어가 사고의 폭을 결정한다'는 강한 해석과 '언어가 사고에 영향을 끼친다'는 약한 해석으로 나뉜다. 강한 해석은 언어 결정론으로 불리며 언어가 인간의 사고에 미치는 영향을 아주 강력하게 주장하고 있다. 앞서 언급한 영화에서뿐만 아니라 조지 오웰의 소설 '동물농장'에서도 주요 소재로 사용되는데 '자유'와 같은 특정 단어를 없애는 방법으로 구성원들의 사고를 제한했다.

(라) 그러나 이러한 언어 결정론은 이후 수많은 반박과 비판에 직면하게 된다. 다른 언어를 사용하면 같은 문화를 공유할 수 없는지, 사용하는 언어 능력이 사고력을 결정한다면 아이들이나 언어 장애를 겪는 이들의 사고 능력을 언어 능력만으로 평가해도 되는지에 대해 쉽게 답할 수 없기 때문이다. 또한 쉬운 예로 한국어는 색을 표현하는 형용사가 무척 발달하였는데, 그렇다면 한국인은 다른 나라 사람들에 비해 특별히 색을 다양하게 인식하는 능력을 가졌다고 할 수 있는지도 의문이다.

▶ 표현 확인

언어 결정론은 이후
**수많은 반박과 비판
에 직면하게 된다.**

N에, N와/과 직면하다
: 어떠한 일이나 상황을
직접 당하거나 접하
다.

예 그는 생활비 부족이
라는 **현실적 문제에
직면했다.**

(마) 비록 언어가 생각의 감옥은 아닐지라도 언어와 사고는 뗄래야 뗄 수 없는 관계로 서로 영향을 주고받는 것은 분명하다. 모든 언어에서 ㉮ 문화가 반영된 다양한 언어 현상을 찾아볼 수 있으며 우리 사회가 ㉯ 차별적이거나 부정적인 단어의 사용을 지양하려는 움직임, 즉 언어 감수성을 키우려는 노력 역시 이를 보여 주고 있다. 따라서 AI가 발달하여 의사소통 도구로써의 언어 학습은 불필요한 시대가 온다 할지라도 사고와 문화를 이해하려면 언어 학습은 여전히 우선시되어야 할 것이다.

감옥 | 외계 | 비행 | 물체 | 상공 | 시도 | 체계 | 언어권 | 물리적 | 자체 | 우아하다 | 논란 | 반박 | 직면하다 | 뗄다

1 위의 내용을 읽고 언어 결정론을 설명해 보십시오.

정의	

근거	• 언어에 따라 다른 무지개 색깔 •

2 다음 질문을 읽고 대답해 보십시오.

(1) 영화 'Arrival'에서 언어 결정론의 영향이 어떤 내용으로 표현되고 있습니까?

(2) 언어 결정론에 대한 비판의 근거로는 어떤 것이 있습니까?

(3) 밑줄 친 ㉯에 해당하는 예에는 어떤 것이 있습니까?

3 다음의 표현을 사용해서 언어와 관련한 미래의 상황에 대해 이야기해 보십시오.

N에 직면하다, N와/과 직면하다

과제

○ 다음에 제시된 단어를 사용하여 밑줄 친 ㉮ 대한 여러분의 생각을 써 보십시오.
   (여러분 나라의 언어를 중심으로 구체적인 예를 들어 설명하세요.)

문화	반영	사고	사회

어휘 늘리기

● 색채 형용사

기본	강	약		
긍정	빨갛다	새빨갛다	발그스름하다	
	파랗다	새파랗다	파르스름하다	
	노랗다	샛노랗다	노르스름하다	
	하얗다	새하얗다		
	까맣다	새까맣다		
부정	뻘겋다	시뻘겋다	불그스름하다	 
	퍼렇다	시퍼렇다	푸르스름하다	
	누렇다	싯누렇다	누르스름하다	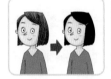
	허옇다	시허옇다		
	꺼멓다	시꺼멓다		

● 다음 질문에 대답해 보세요.

- 얼굴이 시뻘개질 정도로 화가 많이 났던 경험이 있습니까?
- 샛노란 참외와 새빨간 사과 중에서 무엇을 더 좋아하세요?
- 술을 마시면 얼굴이 발그스름해지는 편입니까?
- 새파란 하늘을 보면 어떤 기분이 드세요?
- 오랫동안 입지 않아서 누르스름해진 티셔츠를 새하얗게 만드는 방법을 알고 있습니까?

속담

- **말이 씨가 된다**
  무심코 한 말이 실제 현실이 될 수 있다는 뜻으로 말은 신중하게 해야 한다는 의미
- **낮말은 새가 듣고 밤말은 쥐가 듣는다**
  아무리 비밀스럽게 한 말이라도 반드시 다른 사람의 귀에 들어가게 된다는 뜻으로 말조심을 해야 한다는 의미

2-3 TOPIK 유형으로 확인하기

문법과 표현

- **언어란** 존재의 집이다.
- 첸 씨가 요즘 **바쁜지** 통 연락이 없네요.
- 아무리 나이가 **어릴지라도** 상사에게는 존댓말을 사용해야 한다.
- 한국어 호칭은 다양해서 잘 외우지 않으면 **실수하기 십상이다**.

◉ 주어진 단어를 활용하여 빈칸에 다양한 말을 넣어 보십시오.

SNS의 사용

그 사람은 (   ) 거기에서 흔히 쓰이는 줄임말이나 신조어들을 잘 알고 있다.

(1) 빈칸에는 어떤 표현들을 사용해 볼 수 있을까요?

보기 SNS를 많이 사용해서 …

_____

(2) 위의 표현 중에 가장 적절하다고 생각되는 표현은 무엇입니까? 자신이 그 표현을 선택한 이유를 이야기해 보십시오.

실전 연습

※ [1~2] (   )에 들어갈 말로 가장 알맞은 것을 고르십시오.

1. (   )

    문장에서 (   ) 동작이나 상태의 주체를 말한다.

    ① 주어만   ② 주어마저

    ③ 주어란   ④ 주어치고

2. (   )

    바깥 날씨가 (   ) 따뜻한 메뉴를 찾는 손님이 많다.

    ① 추운지   ② 추워서는

    ③ 춥길래   ④ 춥기는 커녕

● 밑줄 친 부분과 바꿔 쓸 수 있는 표현들을 적어 보십시오.

> 당장 눈에 보이는 **효과가 없을지라도** 운동은 꾸준히 해야 한다.

(1) 밑줄 친 표현은 어떤 표현으로 바꿔 볼 수 있을까요?

　　보기　효과가 없어도 … ＿＿＿＿＿＿＿＿＿＿＿＿＿＿＿＿＿＿＿＿＿＿＿＿＿＿＿＿

(2) 자신이 적은 표현과 제시된 표현 사이에는 어떤 차이가 있습니까? 두 표현을 비교해서 설명해 보십시오.

실전 연습

※ [3~4] 밑줄 친 부분과 의미가 가장 비슷한 것을 고르십시오.

3. (　　　)

　　내일 지구가 <u>망할지라도</u> 나는 오늘 한 그루의 사과나무를 심겠다.

　　① 망한다고 해도　　　　　　　　② 망하기는커녕
　　③ 망하는 듯해도　　　　　　　　④ 망할 수도 있지만

4. (　　　)

　　아무런 준비 없이 산행을 하다가는 <u>다치기 십상이다.</u>

　　① 다칠 뿐이다　　　　　　　　　② 다치기는 틀렸다
　　③ 다치기 쉽다　　　　　　　　　④ 다치기 마련이다

비교해 봅시다

'-기 십상이다' vs '-기 마련이다'

'-기 십상이다'는 어떤 상태나 상황이 될 확률이 높다는 의미를 나타내며 주로 부정적인 상황을 예상할 때 사용한다. 그에 비해 'V-기 마련이다'는 일반적으로 혹은 당연히 그렇게 된다는 의미를 나타낼 때 사용한다.

- 싸다고 많이 사 놓으면 나중에 **후회하기 십상이다.**
- 싸다고 많이 사 놓으면 나중에 **후회하기 마련이다.**
- 고생 끝에 낙이 **오기 마련이다.**
- 고생 끝에 낙이 **오기 십상이다.** (X)

읽기

1 다음 신문 기사의 제목을 가장 잘 설명한 것을 고르십시오. (   )

> ## "내 말이 그렇게 불편한가요?"
> ### 듣는 이 기분이 어떨지, 언어 감수성을 살려야

① 말을 잘못하면 사이가 나빠지기 십상이니 조심해야 한다.

② 상대방이 듣기 싫어하는 말일지라도 돌려서 잘 말하면 괜찮다.

③ 상대방의 말이 기분 나쁘지 않은지 예민하게 들을 필요가 있다.

④ 자신의 말이 상대방에게 불편하게 들리지 않는지 살펴봐야 한다.

2 다음을 읽고 글의 내용과 같은 것을 고르십시오. (   )

> 언어가 존재의 집이라고 한다면 내가 사용하는 언어에는 보일 듯 보이지 않게 나의 생각과 가치관이 담겨 있다. 그리고 그 말에 의해 내가 어떤 사람인지 평가를 받기도 한다. 우리가 일상에서 흔히 사용하는 말 중에는 차별과 혐오를 내포하고 있는 것들이 많다. 예전부터 써 왔던 것들뿐만 아니라 '골린이, 결정 장애' 등과 같이 새로 만들어 내는 말 중에도 차별과 혐오가 숨어 있다. 이러한 것들을 살피는 능력을 '언어 감수성'이라고 하는데 문법과 단어를 공부하듯 언어 감수성을 키우기 위해서도 공부가 필요하다. 차별은 인식하더라도 차별이 담긴 언어 표현을 쉽게 구별하고 사용하기는 어렵기 때문이다.

① 언어 감수성이 낮은 사람은 차별주의자이다.

② 차별이 담긴 언어 표현은 많이 사용되지 않는다.

③ 사용하는 말로 사람을 평가하는 것은 차별적이다.

④ 언어 감수성을 기르기 위해서는 학습이 필요하다.

더 읽어 보기

• 당신의 '언어 감수성'은?

'언어 감수성'이란 우리가 일생생활에서 쓰는 표현 중 차별이나 혐오, 비하의 표현은 없는지 살필 수 있는 능력을 말합니다. 다음 표현들에 담긴 차별적 요소들을 생각해 봅시다.

결정 장애	청소부	유모차	반팔티	여교사	맵찔이	설명충

[3-4] 다음을 읽고 물음에 답하십시오.

그렇다면 과연 언어란 생각의 감옥인가? 일명 '사피어-워프 가설 (Sapir-Whorf hypothesis)'로 불리는 언어적 상대성은 언어학뿐만 아니라 다양한 학문 분야에 걸쳐 논란이 되어 왔는데 '언어가 사고의 폭을 결정한다'는 강한 해석과 '언어가 사고에 영향을 끼친다'는 약한 해석으로 나뉜다. 강한 해석은 언어 결정론으로 불리며 언어가 인간의 사고에 미치는 영향을 아주 강력하게 주장하고 있다. 이는 조지 오웰의 소설 '동물농장'에서도 주요 소재로 사용되는데 '자유'와 같은 특정 단어를 없애는 방법으로 구성원들의 사고를 제한했다.

그러나 이러한 언어 결정론은 이후 (   ). 다른 언어를 사용하면 같은 문화를 공유할 수 없는지, 사용하는 언어 능력이 사고력을 결정한다면 아이들이나 언어 장애를 겪는 이들의 사고 능력을 언어 능력만으로 평가해도 되는지에 대해 쉽게 답할 수 없기 때문이다. 또한 쉬운 예로 한국어는 색을 표현하는 형용사가 무척 발달하였는데, 그렇다면 한국인은 다른 나라 사람들에 비해 특별히 색을 다양하게 인식하는 능력을 가졌다고 할 수 있는지도 의문이다.

비록 언어가 생각의 감옥은 아닐지라도 언어와 사고는 뗄레야 뗄 수 없는 관계로 서로 영향을 주고받는 것은 분명하다. 문화가 반영된 다양한 언어 현상을 찾아볼 수 있으며 우리 사회가 차별적이거나 부정적인 단어의 사용을 지양하려는 움직임, 즉 언어 감수성을 키우려는 노력 역시 이를 보여 주고 있다. 따라서 AI가 발달하여 의사소통의 도구로써의 언어 학습은 불필요한 시대가 온다 하더라도 사고와 문화를 이해하려면 언어 학습은 여전히 우선되어야 할 것이다.

❸ (   )에 들어갈 말로 가장 알맞은 것을 고르십시오. (   )

① 수많은 반박과 비판에 직면하게 된다.
② 수많은 동의와 찬사를 한 몸에 받게 된다.
③ 수많은 이론들과의 경쟁에 뛰어들게 된다.
④ 수많은 연구자들의 노력으로 결실을 맺게 된다.

❹ 윗글의 내용과 같은 것을 고르십시오. (   )

① AI 시대가 오면 인간의 언어 학습은 불필요해질 것이다.
② 한국 사람들은 다른 나라 사람들보다 색을 다양하게 인식한다.
③ 언어 감수성에 대한 관심은 언어와 사고의 관계성을 보여 준다.
④ 언어는 인간의 사고를 결정하므로 언어로 표현되지 못하는 생각은 없다.

듣기

1 다음을 듣고 이어질 수 있는 말로 가장 알맞은 것을 고르십시오. (   )

① 힘든 일일지라도 포기하지 말고 했어야지요.

② 부장님이 시키시는 일은 십중팔구 하기 어려운 일이에요.

③ 중요한 일은 잘 적어 놓지 않으면 잊어버리기 십상이라니까요.

④ 저도 부장님이 무서워서인지 부장님하고 이야기하는 게 불편해요.

2 다음을 듣고 들은 내용과 같은 것을 고르십시오. (   )

① 여자는 자신의 한국어 실력이 늘지 않아 불만이다.

② 여자는 요즘 한국어를 잘 못 알아듣는 경우가 있다.

③ 남자는 여자보다 한국어를 어렵게 배운 것 같아 속상하다.

④ 남자는 한국어의 모든 것이 낯설어서 처음 배울 때 힘들었다.

[3-4] 다음을 듣고 물음에 답하십시오.

3 무엇에 대한 내용인지 알맞은 것을 고르십시오. (   )

Track 11

① 한국어 높임법의 유래

② 한국어 높임법의 종류

③ 한국어 높임법의 중요성

④ 한국어 높임법이 어려운 이유

4 들은 내용과 같은 것을 고르십시오. (   )

① 주체 높임법은 문장의 종결 형태에 높임법을 표현한다.

② 상대 높임법은 현재 대화 상대방에 따라 다르게 적용된다.

③ 객체 높임법은 화자보다 청자가 나이가 많을 때 사용한다.

④ 한국어 높임법은 화자와 청자의 나이로 사용법이 정해진다.

말하기

● 말이나 글을 통해 타인에게 불쾌감을 주지 않도록 신중하게 표현하는 것은 중요합니다. 하지만 때로 무리한 해석으로 언어 사용을 제한한다는 의견도 있습니다. 다음 뉴스를 듣고 자신의 생각을 말하십시오.

Track 12

: 제 생각에는 언어 감수성이 중요하기는 하지만 …

쓰기

● 다음을 참고하여 600~700자로 글을 쓰십시오. 단, 문제를 그대로 옮겨 쓰지 마십시오.

언어와 사고는 분리해서 설명할 수 없습니다. 이러한 특성을 참고해서 '언어와 사고와의 관계와 영향'에 대해 아래의 내용을 중심으로 자신의 생각을 쓰십시오.

· 언어와 사고는 어떤 관계에 있는가?
· 차별과 혐오가 포함된 어휘 표현을 인식하고 개선하기 위한 노력은 왜 필요한가?
· 올바른 언어 사용이 사회에 미치는 영향은 무엇인가?

CHAPTER

3

음식과 문화

3-1 음식의 유래

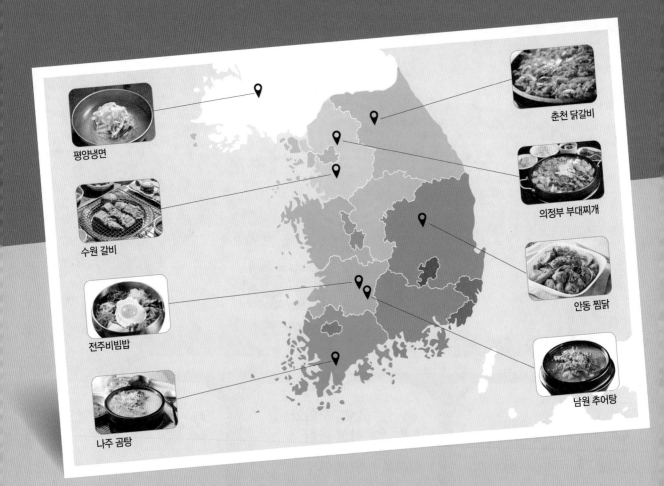

평양냉면

춘천 닭갈비

수원 갈비

의정부 부대찌개

전주비빔밥

안동 찜닭

나주 곰탕

남원 추어탕

- 한국을 여행하면서 그 지역의 대표적인 음식을 먹어 본 적이 있습니까?
- 여러분 나라의 음식 중에서 이름에 지역명이 들어간 음식이 있습니까?

A-다기에, V-ㄴ/는다기에

찜닭을 드셔 본 적이 있습니까?

네, 찜닭은 아이들의 입맛에도 잘 맞는다기에 가족들과 같이 먹어 봤습니다.

다른 사람에게 들은 사실을 판단의 근거나 이유로 하여 뒤 문장에서 화자가 어떤 행위를 하였음을 나타낸다. '-다고 하기에', '-ㄴ/는다고 하기에'의 줄임 표현이다.

아이들의 입맛에도 잘 **맞는다기에**	가족들과 같이 먹어 봤다.
↓	↓
다른 사람에게 들은 사실 (이유, 근거)	**화자의 행위**

- 1등을 하면 전액 장학금을 **준다기에** 이 학교를 선택했습니다.
- 수원 화성이 **유명하다기에** 가 봤는데 아주 멋있었고 주변에 볼거리가 많아서 재미있었다.
- 친구가 외국인 등록증을 **잃어버렸다기에** 어떻게 하면 되는지 가르쳐 줬다.
- 룸메이트가 주말에 자기가 집안일을 다 **하겠다기에** 내가 저녁을 사기로 했다.
- 평양냉면은 호불호가 갈리는 **맛이라기에** 평소에 먹던 비빔냉면을 주문했어요.

🔍 'A-다기에, V-ㄴ/는다기에'는 주로 글에서 쓰이며 말할 때 'A-다길래, V-ㄴ/는다길래'로 바꿔 쓸 수 있다.

- 한국에서 삼계탕이 여름 보양식으로 **손꼽힌다길래** 한번 먹어 볼까 해요.
- 석촌 호수가 벚꽃 구경하기 좋은 **장소라길래** 가 봤더니 이미 꽃이 다 져 버렸더라고.

호불호가 갈리다 | 보양식 | 손꼽히다 | (꽃이) 지다

1 다른 사람의 이야기를 듣고 어떤 행동을 했습니까?

보기	마트에서 오늘까지 세일하다	자주 사용하는 생활용품을 많이 구입해 놓다
(1)	발효 식품이 건강에 좋다	
(2)	계단 오르기가 효과적이다	
(3)		그곳으로 여행 가기로 하다

보기 가 집에 휴지와 세제가 왜 이렇게 많아요?

　　　나 마트에서 오늘까지 **세일한다기에** 자주 사용하는 생활용품을 많이 구입해 놨어요.

(1) 가 요즘 집에서 무슨 음식을 자주 해 먹나요?

　　나 _____

(2) 가 살을 빼는 데 _____

　　나 그래? 나도 바빠서 헬스장에 못 가고 있는데 그렇게라도 운동해야겠다.

(3) 가 방학 때 여행을 간다고 했지? 어디로 갈 거야?

　　나 _____

2 다음의 대상에 대해 듣고 직접 경험해 봤지만 사실과 달랐던 적이 있습니까? 다음의 문장을 완성해 보십시오.

보기 맛집 : 이 식당은 외국인들도 **즐겨 찾는 곳이라기에** 미국인 친구를 데려갔는데 친구의 입맛에는 맞지 않았다.

(1) 명소

(2) 중고 거래

발효 | 효과적

68

문법 2

N을/를 막론하고

한식 중에서 제일 인기 있는 음식이 뭐라고 생각하세요?

제 생각에 남녀노소를 막론하고 누구나 좋아하는 음식은 불고기가 아닐까 싶어요.

△△△불고기

❗ 무엇이든 상관하지 않고 이것저것 따지거나 가리지 않음을 나타낸다.

불고기는 **남녀노소를 막론하고** 누구나 좋아하는 음식이다.

↓

조건을 따지지 않고 대상이 어떠함을 설명함

- 면 요리는 **동서양을 막론하고** 많은 사람들이 즐겨 먹습니다.
- 반지는 **어느 시대를 막론하고** 사랑의 징표로 사용되었습니다.
- 이번 사태에 대해 **지위 고하를 막론하고** 공정하게 조사할 것이다.
- 나는 갖고 싶은 게 있으면 **가격의 고하를 막론하고** 꼭 사고 만다.
- **동서고금을 막론하고** 사람들의 돈에 대한 욕심은 끝이 없다.
- **이유 여하를 막론하고** 음주 운전자는 엄하게 처벌해야 합니다.

동서양 | 징표 | 사태 | 고하 | 공정하다 | 동서고금 | 여하 | 엄하다

1 다음의 조건을 확인하고 상황에 맞게 문장을 완성해 보십시오.

남녀노소   이유 여하   동서고금   지위 고하   국내외

> 보기 가 최근 전자 기기 사용이 늘면서 **남녀노소를 막론하고** 안과를 찾는 사람들이 증가하고 있대요.
> 나 어른, 아이 할 것 없이 모두 스마트폰과 컴퓨터에서 눈을 떼지 않으니 그럴 수밖에요.

(1) 가 이 밴드의 음악은 _____ 수많은 팬들에게
오랫동안 사랑을 받고 있는데 언어와 문화가 달라도 음악으로 하나가 될 수 있다는 건 참
아름다운 일인 것 같아.
　　나 그래? 나도 한번 들어 봐야겠다.

(2) 가 정부에서는 이번 사태에 대해 _____ 강하게
처벌하겠다고 발표했는데 정말 그렇게 될지 모르겠어.
　　나 그러게 말이야. 고위직 인사들은 처벌을 피한 적이 많았으니까.

(3) 가 현대인들은 젊음과 아름다움에 대한 관심이 좀 지나친 것 같아.
　　나 그게 어디 현대인들에게만 해당하는 말이겠어? _____
어느 시대나 어느 나라에서나 사람들은 젊음과 아름다움을 추구해 왔잖아.

2 다음의 조건과 상관없이 누구에게나 적용되는 일은 무엇입니까? 보기 와 같이 문장을 완성해
보십시오.

	(1)	(2)
보기		
세대 간 갈등	스트레스	발효 식품

> 보기 어느 시대를 **막론하고** 세대 간의 갈등은 늘 있었다.

(1) _____

(2) _____

지위 | 국내외 | 전자 기기 | 눈을 떼다 | 정부 | 고위직 | 인사 | 피하다 | 해당하다 | 세대

듣기 어휘

1 식재료와 조리 방법

| 메밀 면 | 고명 | 육수 | 얹다 | 익히다 | 재우다 |

(1) (　　　　　)
을/를 삶다

(2) 면에 (　　　　)
을/를 붓다

(3) 재료를
(　　　　)

(4) (　　　　)을/를
(　　　　)

(5) 고기를 양념에
(　　　　)

2 음식의 맛

| 살균 | 향신료 | 맛보다 | 푸짐하다 |
| 심심하다 | 구수하다 | 조리되다 | 간이 세다 |

(1) 식초는 (　　　　　) 효과가 있기 때문에 과일이나 채소를 씻을 때 사용하면 좋다.

(2) 우리 고향은 덥고 습해서 음식이 상하지 않도록 소금과 다양한 양념을 많이 사용한다. 그래서 대부분의 음식이 (　　　　).

(3) 부대찌개는 양이 (　　　　) 맛있어서 사람들에게 오랫동안 사랑 받고 있다.

(4) 처음 가 본 지역의 문화와 역사를 이해하려면 먼저 그 지역의 음식을 (　　　　) 한다.

(5) 평양냉면은 (　　　　) 자극적인 음식을 즐겨 먹는 사람들의 입맛에는 별로 맞지 않을 것이다.

3 지역별 대표 음식

| 대중적
대표적
유래
특색
형성되다 | (1) 지역마다 그 지역의 (　　　　　)을/를 반영한 (　　　　) 음식이 있는데, 그 예로 전주비빔밥을 들 수 있습니다.
(2) 춘천에는 1970년대부터 (　　　　　) 유명한 닭갈비 골목이 있습니다.
(3) 춘천의 닭갈비 골목에 몇 번 가 본 적이 있는데 그 (　　　　)에 대해서는 이번에 처음 알게 되었습니다.
(4) 평양냉면은 북쪽 지역 음식인데 1950년대에 남쪽으로 전해지면서 (　　　　) 음식이 되었습니다. |

듣기 1

○ 다음은 여러 나라의 기후와 조리법에 대한 강연입니다. 다음을 듣고 질문에 답해 보십시오.

Track 13

1 러시아 음식의 특징은 무엇입니까?

2 태국에서 향신료를 넣은 음식이 발달한 이유는 무엇입니까?

3 여러분의 고향에서는 주로 어떤 식재료로 어떻게 요리를 합니까?

듣기 2

○ 여러분은 한국의 지역별 대표 음식에 대해 얼마나 알고 있습니까?

Track 14

생채소 │ 귀하다 │ 고열량 │ 체온 │ 유제품 │ 대체로 │ 넘어가다 │ 똠얌꿍

1 빈칸에 한국의 대표 음식에 대해 메모하면서 들으십시오.

	춘천 닭갈비	평양냉면
재료	닭고기, 매운 양념, 채소, 떡, 고구마 등	
맛		
조리 방법		

2 춘천이 닭갈비로 유명해진 이유는 무엇입니까?

3 평양 음식인 평양냉면이 어떻게 한국의 대중적인 음식으로 자리매김하게 되었습니까?

과제

○ 여러분 나라의 지역별 대표 음식을 찾아 보고 발표해 보십시오.

음식명	
주재료와 맛	
조리 방법	
음식의 유래	

떠올리다 | 굳어지다 | 각종 | 철판 | 숯불 | 방식 | 양계장 | 예로부터 | 동치미 | 피란민 | 자리매김하다 | 담다 | 알차다

3-2 현대 사회와 사찰 음식

- 여러분들은 스트레스가 쌓이면 어떤 음식을 찾습니까?

- 사찰 음식에 대해 들어 본 적이 있습니까?

N(으)로 여기다

> 제가 와 있는 이곳은 유명한 떡볶이 식당입니다. 보시는 바와 같이 떡볶이의 종류가 아주 많은데요. 예전에는 떡볶이를 아이들이나 먹는 간식으로 여겼지만 이제 어른들도 즐겨 먹는 식사 메뉴가 되었습니다.

❗ 마음속으로 그렇다고 인정하거나 생각함을 나타내는 표현이다.

떡볶이를 　　　　　아이들이나 먹는 간식으로 여겼다.

↓

대상에 대한 생각

- 인도 사람들은 소를 신성한 **동물로 여긴다.**
- 요즘은 의사 같은 전문직을 최고의 **직업으로 여긴다.**
- 고기가 귀했던 시절에는 순대를 고급 **음식으로 여겼습니다.**
- 우리 부모님은 큰언니를 우리 집안의 **자랑으로 여기고** 계신다.
- 사찰 음식을 **건강식으로 여기는** 사람들이 많습니다.

🔍 관용적으로 자주 사용하는 표현

- **눈엣가시로 여기다**
  김 대리는 사사건건 참견하는 이 대리를 **눈엣가시로 여겼다.**
- **사람 목숨을 파리 목숨으로 여기다**
  그 정치인은 사람 목숨을 **파리 목숨으로 여겼다.**

신성하다 | 사찰 | 사사건건 | 참견하다 | 눈엣가시

1 다음 대상에 대해 예전부터 사람들은 어떤 생각을 가지고 있었습니까?

보기   당근 ●━━━━━━━━━● 귀한 약재

(1) 낙지 ●   ● 좋은 소식을 가지고 오는 길조

(2) 먹을 것 ●   ● 최고의 보양식

(3) 까치 ●   ● 하늘

보기   당근은 눈 건강에도 좋을 뿐만 아니라 암 예방 효과도 있어 예로부터 당근을 **귀한 약재로 여겼습니다.**

(1) 쓰러진 소에게 낙지를 먹이면 벌떡 일어난다는 말이 있을 정도로 낙지는 영양소가 풍부합니다.

   낙지가 많이 잡히는 우리 고향에서는 _____

(2) 백성은 _____ 말이 있습니다. 그만큼 백성들에게는

   먹고 사는 것이 무엇보다 중요했다는 말입니다.

(3) 한국에서는 _____.

   그래서 까치가 울면 반가운 손님이 온다는 옛말도 있습니다.

2 현대 사회에서 일반적으로 인정하는 사실과 여러분의 생각을 비교하여 문장을 완성해 보십시오.

보기	성공의 척도	돈, 명예 …
(1)	만병통치약	채소와 과일, 걷기 운동 …
(2)	최고의 가치	행복, 인간관계 …

보기   **돈을 성공의 척도로 여기는** 사람들이 많다. 그러나 나는 돈은 필요한 만큼만 있으면 된다고 생각한다.

(1)

(2)

약재 | 길조 | 까치 | 척도 | 명예 | 만병통치약

문법 2

많은 사람들이 비빔밥을 즐겨 먹는 이유가 뭐라고 생각하십니까?

비빔밥은 영양소도 풍부하거니와 맛도 좋기 때문인 것 같습니다.

예스러운 표현으로, 앞의 사실을 인정하면서 뒤의 사실까지 덧붙임을 나타낸다. 주로 앞의 내용에 뒤의 내용까지 더해져서 더 어떠하다는 것을 말할 때 사용한다.

비빔밥은 영양소도 **풍부하거니와**	맛도 좋기 때문에 인기가 많다.
↓	↓
인정하는 사실	덧붙이는 사실

- 이 노래는 가사도 **좋거니와** 따라 부르기도 쉬워서 큰 인기를 얻고 있다.
- 한국의 '탕' 요리는 조리 시간도 오래 **걸리거니와** 재료 손질도 까다로워서 만들기 쉽지 않다.
- 몇 달간 끼니도 제때 **챙기지 못했거니와** 잠도 충분히 자지 못해 건강이 악화되었습니다.
- 사업 실패로 **돈도 돈이거니와** 가까운 사람들까지 잃고 말았다.

🔍 앞의 일을 다시 말할 필요 없이 당연히 그러하다고 인정할 때 'N은/는 물론이거니와'의 형태를 쓸 수 있다.

- 이 식당은 **맛은 물론이거니와** 분위기와 서비스도 아주 좋네요.
- 영화가 성공하려면 **감독의 연출력은 물론이거니와** 배우의 연기력도 뛰어나야 한다.

손질 | 까다롭다 | 끼니 | 악화되다

1 다음에 제시된 내용을 보고 덧붙일 수 있는 사실을 써 보십시오.

보기	건강이 좋아지다	마음이 편안해지다
(1)	성인병의 원인이 될 수 있다	면역력을 떨어뜨릴 수 있다
(2)	기온이 높다	
(3)	교통이 편리하다	

> 보기 가 시간이 날 때마다 등산을 하신다면서요?
>
> 나 네, 등산을 하면 **건강도 좋아지거니와** 마음도 편안해집니다. 그래서 되도록 자주 하려고
> 합니다.

(1) 가 요즘 달고 짠 음식을 즐겨 먹는 사람들이 많은데 이러한 식습관은 건강에 어떤 영향을 미치나요?

　　나 달고 짠 음식은 ＿＿＿＿＿＿＿＿＿＿＿＿＿＿＿＿＿＿＿＿＿＿＿ 때문에
　　　　가능한 한 섭취를 줄여야 합니다.

(2) 가 고향의 여름철 날씨가 어떻습니까?

　　나 제 고향도 한국처럼 ＿＿＿＿＿＿＿＿＿＿＿＿＿＿＿＿＿＿＿＿＿

(3) 가 새로 이사한 집의 주변 환경이 어떤가요?

　　나 회사에서 조금 멀지만 ＿＿＿＿＿＿＿＿＿＿＿＿＿＿＿＿＿＿＿ 좋습니다.
　　　　그래서 집세가 오르지 않는다면 계속 살고 싶습니다.

2 다음의 대상들은 어떤 특징을 가지고 있습니까? 여러분의 생각을 써 보십시오.

> 보기 휴대폰 : 이 휴대폰은 **기능도 다양하거니와** 디자인도 새로워서 소비자들의 주목을 받고 있다.

(1) 길거리 음식 ＿＿＿＿＿＿＿＿＿＿＿＿＿＿＿＿＿＿＿＿＿＿＿＿＿＿＿＿

(2) 한국어 ＿＿＿＿＿＿＿＿＿＿＿＿＿＿＿＿＿＿＿＿＿＿＿＿＿＿＿＿＿＿

면역력 ｜ 주목을 받다

읽기 어휘

1 음식과 사람

스님   육류   채식   채식주의자   인스턴트 식품   인공 조미료

(1) (　　　　　　)　　(2) (　　　　　　)

(3) (　　　　　　)　　(4) (　　　　　　)　　(5) (　　　　　　)　　(6) (　　　　　　)

2 경쟁 사회와 건강

과하다   길들다   누리다   수행하다

급변하다   치우치다   강도(가) 높다   뒤처지다

(1) 아무리 몸에 좋은 음식이라도 (　　　　　　) 섭취하면 문제가 생기기 마련이다.

(2) 우리는 가까운 미래조차 어떻게 변화할지 알 수 없을 정도로 (　　　　　　) 시대를 살고 있다.

(3) 자극적인 맛에 (　　　　　　) 건강에 문제가 생기므로 그 대안으로 신맛을 추천한다.

(4) 김 대리는 (　　　　　　) 스트레스로 인해 결국 퇴사하고 말았다.

(5) 어린이와 청소년에게 고기나 채소 중 한쪽으로만 (　　　　　　) 식단을 제공해서는 안 된다.

3 사찰 음식의 의미

심신 일상적 정성껏 최대한 최소한	사찰 음식은 사찰에서 수행하는 스님들이 (1) (　　　　　　)(으)로 먹는 음식을 뜻한다. 신선한 식재료와 (2) (　　　　　　)의 양념으로 자연의 맛을 (3) (　　　　　) 살린 음식이기 때문에 최근 많은 사람들의 관심을 끌고 있다. 사람들에게는 '건강식'으로 더 잘 알려졌으나 사찰 음식은 단순한 건강식이 아니다. 스님들에게는 식재료를 구하고 요리하며 식기를 정리하기까지의 과정 또한 수행이다. 이처럼 사찰 음식은 수행을 통해 (4) (　　　　　) 만들어지기 때문에 사람들의 (5) (　　　　　)을/를 편안하게 해 주는 것이 아닐까 싶다.

읽기 1

📑 다음은 불교 잡지의 표지와 내용입니다. 다음을 보고 사찰 음식과 발우공양에 대해 여러분이 얻을 수 있는 정보는 어떤 것인지 말해 보십시오.

H대학 어학당 학생들이 발우공양하고 있는 모습

"발우공양은 음식의 소중함을 잊어버린 요즘 같은 시대에 누구나 꼭 해 봐야 할 체험인 것 같아요."

– H어학당 유학생 레나(호주)

사찰 음식에 대한 관심 뜨거워

Q. 사찰 음식이 주목 받는 이유는?

A. 심신이 지친 현대인들이 자연 본연의 맛을 통해 위로를 받고 있기 때문이 아닐까.

읽기 2

📑 최근 국내외를 막론하고 사찰 음식에 관심을 갖는 사람들이 왜 많아지고 있을까요? 다음을 읽고 질문에 대답해 보십시오.

사찰 음식이 주는 위로

(가) 한국의 사찰 음식은 약 1700년의 역사를 지니고 있다. 여기에서 사찰 음식이란 사찰에서 수행하는 스님들이 일상적으로 먹는 음식을 뜻한다. 일반인들에게도 잘 알려져 있는 것처럼 사찰 음식은 채식이다. 불교의 생명 존중 사상을 바탕으로 한 음식이므로 식재료로 육류를 쓰지 않는다.

▶ 내용 확인

1. 소재

(가) _____

_____

불교 | 본연 | 지니다 | 일반인 | 생명 존중 사상

그리고 인공 조미료는 물론이거니와 맛과 향이 강한 마늘, 파, 부추, 달래, 양파도 사용하지 않는다. 불교에서는 스님들의 수행을 방해하는 이러한 채소들을 금하기 때문이다.

(나) 사찰 음식은 몸과 마음의 건강을 위해 오로지 제철에 나는 신선한 식재료와 최소한의 양념으로 자연 본연의 맛을 최대한 살린 음식이다. 그래서 채식주의자, 요리사, 건강식에 관심이 많은 일반인 등 다양한 사람들이 사찰 음식에 주목하고 있다. 최근 해외에서도 채소를 재료로 한 발효 식품과 채식에 관심을 가지는 사람들이 늘어나면서 한국의 사찰 음식을 알리는 행사도 더욱 많아졌다.

(다) 그런데 사찰 음식은 '건강한 밥상' 이상의 의미가 있다. 사찰 음식이 점차 대중화되면서 사람들에게 건강식으로 주목을 받게 되었지만 이는 단순한 건강식이 아니다. 사찰에서 스님들이 불교의 식사법에 따라 함께 식사하는 것을 '발우 공양'이라고 한다. '발우'는 스님들이 사용하는 식기이고 '공양'은 절에서 음식을 먹는 일을 말하는데 여기에는 식사에 대한 고마움이 담겨 있다. 식사라는 행위를 통해 식재료가 내 밥상에 오르기까지의 과정을 생각하며 사람들의 노고와 자연에 감사하는 마음을 갖는 것이다. 불교에서는 식재료를 준비하고 요리하여 먹고 그릇을 정리하는 이 모든 과정을 수행으로 여긴다. 이처럼 사찰 음식은 수행을 통해 정성껏 만들어지기 때문에 사람들의 몸과 마음을 편안하게 해 주는 것이 아닐까 싶다.

(라) 현대인들은 급변하는 시대 속에서 뒤처지지 않기 위해 치열하게 살아간다. 직장인, 학생 할 것 없이 저마다 강도 높은 스트레스를 안고 사는데 이 스트레스를 해소하고자 과하게 음식을 섭취한다. 먹는 양도 평소보다 많거니와 일상적으로 먹는 음식도 인스턴트 식품과 육류 위주여서 결국 건강을 해치게 되는 경우가 많다. 이미 자극적인 음식에 길든 입맛을 한 번에 바꾸기란 쉽지 않은 일이지만 자연의 맛을 느끼며 심신의 안정을 누리고 싶다면 사찰 음식을 한 번 경험해 보는 게 어떨까? 현재의 바쁜 일상이 달라지지는 않더라도 생활에 건강한 변화를 주는 계기가 될 수도 있을 것이다.

(나) 주목받고 있는 사찰 음식

(다) _____

(라) 현대인의 스트레스와 사찰 음식

(마) _____

2. 주제
건강한 재료와 수행을 통해 만들어진 음식은 치열하게 살아가는 현대인들에게 _____

▶ 표현 확인

건강식에 관심이 많은 사람들이 **사찰 음식에 주목하고 있다.**

N에 주목하다 /N(으)로 주목을 받다
: 사람들이 어떤 일에 관심을 가지고 주의 깊게 보다 / 어떠한 대상으로서 사람들의 관심을 끌다

예
· 사람들이 녹차의 암 예방 **효과에 주목하기** 시작했다.
· 드라마 촬영지였던 이곳은 최근 새로운 **관광지로 주목을 받**고 있다.

금하다 | 오로지 | 제철 | 식기 | 행위 | 노고

1 위의 내용을 읽고 사찰 음식의 기본적인 특징을 설명해 보십시오.

정의	사찰에서 수행하는 스님들이 일상적으로 먹는 음식
바탕 사상	
주요 식재료	
금하는 식재료	

2 다음 질문을 읽고 대답해 보십시오.

(1) 사찰 음식에 주목하는 사람들은 어떤 사람들입니까?

(2) '발우공양'에는 어떤 의미가 담겨 있습니까?

(3) 사찰 음식이 현대인들에게 어떤 도움을 줄 수 있습니까?

3 다음의 표현을 사용해서 심신의 건강을 지키기 위해 최근 사람들이 어떤 것에 관심을 가지고 있는지에 대해 말해 보십시오.

N에 주목하다 / N(으)로 주목을 받다

과제

○ 요즘 현대인들이 즐겨 섭취하는 음식에 어떤 문제가 있다고 생각합니까? 그리고 건강을 지키기 위해 식습관에 어떤 변화가 필요하다고 생각합니까? 자신의 생각을 쓰고 말해 보십시오.

주요 섭취 음식	문제점	개선 방향
• 치킨, 햄버거… • _____	• 육류, 인공 조미료 과다 섭취 • _____	• 채소 위주의 식재료로 직접 요리 • _____

_____

_____

_____

어휘 늘리기

식재료, 어떻게 손질하나요?

썰다

얇게 썰다

잘게 썰다

채(를) 썰다

깍둑썰기하다

갈다
채소를 갈다

빻다
깨를 빻다

짜다
즙을 짜다

발라내다
가시를 발라내다

◉ **이야기해 봅시다.**

- 자주 만드는 음식의 재료 손질법에 대해 말해 보세요.
- 주스를 직접 만들어 본 적이 있습니까? 어떤 방법으로 만들었습니까?

속담

- **시장이 반찬이다**
  배가 고프면 반찬이 없거나 맛있는 반찬이 아니어도 밥을 맛있게 먹는다는 말
- **전어 굽는 냄새에 나가던(나갔던) 며느리 다시 돌아온다**
  시집을 버리고 나가던 며느리가 마음을 바꿔 다시 돌아올 정도로 전어가 매우 맛이 좋다는 의미

문법과 표현	· 발효 식품이 건강에 **좋다기에** 된장찌개를 자주 끓여 먹고 있다.
	· 불고기는 남녀노소를 **막론하고** 누구나 즐길 수 있는 음식이다.
	· 불교에서는 식사를 수행으로 **여긴다.**
	· 닭갈비는 맛도 **좋거니와** 양도 푸짐하다.

◉ 주어진 단어를 활용하여 빈칸에 다양한 말을 넣어 보십시오.

인상되다

다음 달부터 생필품 가격이 (   ) 자주 사용하는 물품들은 미리 사 두었다.

(1) 빈칸에는 어떤 표현들을 사용해 볼 수 있을까요?

    [보기] 인상돼서 … _____

(2) 위의 표현 중에 가장 적절하다고 생각되는 표현은 무엇입니까? 자신이 그 표현을 선택한 이유를 이야기해 보십시오.

실전 연습

※ [1~2] (   )에 들어갈 말로 가장 알맞은 것을 고르십시오.

1. (   )

    인스턴트 식품이 건강에 악영향을 (   ) 즐겨 먹던 라면의 양을 줄였다.

    ① 미친다기에   ② 미친다던데

    ③ 미치더라도   ④ 미쳤더라면

2. (   )

    옛날에는 소가 중요한 노동력이었기 때문에 한국인들은 소를 (   ).

    ① 가족인 듯하다   ② 가족일까 싶다

    ③ 가족으로 여겼다   ④ 가족일지도 모른다

● 밑줄 친 부분과 바꿔 쓸 수 있는 표현들을 적어 보십시오.

> 양배추는 영양소도 **풍부하거니와** 값도 저렴하기 때문에 식재료로 많이 쓰인다.

(1) 밑줄 친 표현은 어떤 표현으로 바꿔 볼 수 있을까요?

　[보기] 풍부하고 …　_____

(2) 자신이 적은 표현과 제시된 표현 사이에는 어떤 차이가 있습니까? 두 표현을 비교해서 설명해 보십시오.

실전 연습

※ [3~4] 밑줄 친 부분과 의미가 가장 비슷한 것을 고르십시오.

3.　(　　　)

　　리더가 되려면 실력도 갖춰야 하거니와 부하 직원들과 소통할 수 있는 능력도 필요하다.

　　① 갖춰야 하느니　　　　　　　　　② 갖춰야 할뿐더러

　　③ 갖춰야 할지라도　　　　　　　　④ 갖춰야 하는데도

4.　(　　　)

　　그 감독의 작품은 동서양을 막론하고 크게 호평을 받았지만 흥행에 성공하지는 못했다.

　　① 동서양을 통해　　　　　　　　　② 동서양을 비롯해

　　③ 동서양뿐만 아니라　　　　　　　④ 동서양을 불문하고

비교해 봅시다

'~을/를 막론하고' vs '~을/를 불문하고'

두 표현 모두 무엇이든 상관하지 않고 가리지 않는다는 의미를 가지고 있다. 단 '막론하고'는 여러 대상을 구체적으로 드러낸 명사와 쓰는 것이 자연스럽고 '불문하고'는 어떤 조건에 해당하는 명사와 쓰는 것이 자연스럽다.

- 청바지는 **남녀노소를 막론하고** 편하게 입을 수 있는 옷입니다.
- 실력을 갖추고 있다면 **학력을 불문하고** 직원으로 뽑을 것입니다.

읽기

1 다음 안내문을 읽고 글의 내용과 같은 것을 고르십시오. (   )

〈한국 방문의 해 기념, 외국인 발우공양 체험 이벤트〉
사찰 음식의 명소 진금사에서 발우공양을 하며
몸과 마음의 건강을 챙겨 보세요!

- **대상** : 외국인 선착순 500명
- **기간** : 1월 1일 ~ 6월 30일 (매주 토, 일)
- **비용** : 무료
- **참여 방법** : 진금사 홈페이지(www.jingeumsa.com)에서 신청하세요.
  ※ 비용을 따로 내시면 사찰 음식 요리 수업도 들을 수 있습니다.

① 이 체험은 한국 방문의 해를 맞아 1년간 진행된다.

② 사찰 음식에 관심이 있으면 누구나 신청할 수 있다.

③ 이 체험은 먼저 신청하는 순서대로 참여할 수 있다.

④ 발우공양 체험과 요리 수업 수강을 무료로 할 수 있다.

2 다음을 읽고 글의 내용과 같은 것을 고르십시오. (   )

템플 스테이는 관광객들이 일정한 비용을 내고 전통 사찰에 머물면서 사찰 생활을 체험해 보는 프로그램이다. 스님들의 일상생활도 체험할 수 있거니와 불교 문화도 배울 수 있어 참여자 수가 해마다 증가하고 있다. 특히 요즘은 한국의 전통문화를 체험하고 싶어 하는 외국인, 일상에 지쳐 마음을 돌보고자 하는 직장인들에게 인기가 많다. 템플 스테이는 국적, 종교, 나이와 상관없이 누구나 쉽게 체험할 수 있는데 최근에는 청년, 신혼부부 등을 대상으로 한 색다른 프로그램도 많아졌다.

① 템플 스테이는 유료 체험과 무료 체험으로 나뉜다.

② 템플 스테이에 대한 관심이 높아지면서 사찰의 수도 크게 늘었다.

③ 직장인과 젊은 층을 대상으로 한 템플 스테이 프로그램이 개발 중이다.

④ 한국 문화 체험을 목적으로 템플 스테이를 체험하려는 외국인이 많아졌다.

[3-4] 다음을 읽고 물음에 답하십시오.

사찰 음식은 '건강한 밥상' 이상의 의미가 있다. (㉠) 사찰 음식이 점차 대중화되면서 사람들에게 건강식으로 주목을 받게 되었지만 이는 단순한 건강식이 아니다. (㉡) 사찰에서는 스님들이 함께 불교의 식사법에 따라 식사하는데 이를 '발우공양'이라고 한다. '발우'는 스님들이 사용하는 식기이고 '공양'은 절에서 음식을 먹는 일을 말하는데 여기에는 식사에 대한 고마움이 담겨 있다. (㉢) 식사라는 행위를 통해 식재료가 내 밥상에 오르기까지의 과정을 생각하며 사람들의 노고와 자연에 감사하는 마음을 갖는 것이다. (㉣) 이처럼 사찰 음식은 수행을 통해 정성껏 만들어지기 때문에 사람들의 몸과 마음을 편안하게 해 주는 것이 아닐까 싶다.

3 주어진 문장이 들어갈 곳으로 가장 알맞은 것을 고르십시오. (   )

불교에서는 식재료를 준비하고 요리하여 먹고 그릇을 정리하는 이 모든 과정을 수행으로 여긴다.

① ㉠   ② ㉡
③ ㉢   ④ ㉣

4 윗글의 내용과 같은 것을 고르십시오. (   )

① 사찰마다 발우공양의 방법이 다르다.
② 사찰 음식은 심신의 안정에 도움을 준다.
③ 사찰에서는 일반인들을 위한 건강식 연구에 힘썼다.
④ 사찰 음식의 대중화를 위해 건강식이라는 이미지를 내세웠다.

더 읽어 보기

· **템플 스테이를 체험해 본 적이 있나요?**
　　전국의 주요 사찰들은 대부분 템플 스테이를 진행하고 있다. 따라서 사찰 홈페이지나 템플 스테이 통합 홈페이지를 검색하면 템플 스테이 비용, 일정, 프로그램 내용에 대한 정보를 쉽게 찾을 수 있다.

듣기

1 다음을 듣고 여자가 이어서 할 행동으로 가장 알맞은 것을 고르십시오. (   )

Track 15

① 햄을 찾아본다.

② 다른 재료를 준비한다.

③ 돼지고기를 사러 간다.

④ 김치찌개 요리법을 검색한다.

2 다음을 듣고 남자의 중심 생각으로 가장 알맞은 것을 고르십시오. (   )

Track 16

① 러시아 음식은 한국인들도 먹을 만하다.

② 러시아 음식에 대한 열린 태도가 필요하다.

③ 러시아처럼 건강을 위해 소금 사용을 줄여야 한다.

④ 러시아를 여행할 때는 그 지역 음식을 먹어 봐야 한다.

[3-4] 다음을 듣고 물음에 답하십시오.

Track 17

3 남자가 무엇을 하고 있는지 고르십시오. (   )

① 종류를 분류하고 있다.

② 먹는 방법을 추천하고 있다.

③ 역사와 맛을 소개하고 있다.

④ 대중화 방안을 설명하고 있다.

4 들은 내용과 같은 것을 고르십시오. (   )

① 평양냉면은 육류를 식재료로 쓰지 않는다.

② 평양냉면이 입맛에 맞지 않는 사람도 많다.

③ 평양냉면은 남쪽으로 전해지면서 간이 세졌다.

④ 평양냉면은 최근 들어서야 대중적인 음식이 되었다.

말하기

● 요즘은 건강뿐만 아니라 기후 위기 해결 방안으로써 채식을 선택하는 사람들이 늘고 있습니다. 채식이 기후 위기를 극복하는 데 어떤 도움을 줄 수 있을까요? 이에 대한 자신의 생각을 말해 보십시오.

Track 18

쓰기

● 다음 글의 ㉠과 ㉡에 알맞은 말을 각각 쓰십시오.

1

서울 요리 학원, 일일 과정 수업 소개

평소 배우고 싶었던 요리를 취미로 짧게 경험하고 싶은 분들에게 추천합니다.
어려워 보이는 조리 과정도 선생님과 함께하면 쉽게 (㉠).
신청 방법도 간단해요. 홈페이지에서 관심 있는 요리 수업과 날짜를 선택하면 됩니다.
인기 있는 요리 수업은 (㉡) 서둘러 신청하세요.

㉠ _____   ㉡ _____

2

　　예전에는 인공 조미료가 건강에 해롭다는 인식이 강했는데 요즘은 인공 조미료에 대한 인식이 (㉠). 인공 조미료는 감칠맛을 내는 글루타민산이라는 성분에 나트륨을 첨가한 것인데 글루타민산은 토마토, 콩 등 자연에 존재하는 식재료를 통해서도 일상적으로 섭취하게 되는 물질이다. 그렇기 때문에 인공 조미료를 섭취한다고 해서 (㉡).

㉠ _____   ㉡ _____

CHAPTER

주거 문화의 변화

4-1 한옥의 구조

한옥 호텔

전통 한옥

- 여러분은 한옥에 가 본 적이 있습니까? 가장 인상적이었던 것은 무엇입니까?

- 한옥의 구조나 특징을 활용한 현대 건축물에는 어떤 것이 있을까요?

문법 1

A-기 그지없다

> 한옥 마을에 가 보니 어땠어요?

> 한옥 내부는 물론이거니와 한옥이 늘어선 마을 뒷길도 고요하기 그지없었어요.

어떠한 정도가 말로 다 할 수 없을 정도로 대단하거나 매우 심하다는 것을 나타낼 때 사용된다.

한옥 마을은   **고요하기 그지없다.**

↓

대상이 가지고 있는 매우 강한 성격이나 특성

- 정말 오랜만에 고향 친구들을 만나니 **반갑기 그지없었다.**
- 그 식당의 사장님은 언제 봐도 **친절하기 그지없는** 분이에요.
- 산속에서 길을 잃었을 때 날씨도 춥거니와 어두워서 **무섭기 그지없었습니다.**
- 한국 문화의 상징인 한옥이 점점 사라져 가는 모습이 **안타깝기 그지없다.**

🔍 '-기' 뒤에 조사 '가'가 붙어서 'A-기가 그지없다'의 형태로 사용되거나 또는 '그지없다 (끝이 없다)'의 어휘적 의미를 그대로 살려 '~은/는 그지없다'의 형태로 사용되기도 한다.

- 그곳의 여름 날씨는 **변덕스럽기가 그지없었다.**
- 자식에 대한 부모의 사랑과 희생은 **그지없다.**

늘어서다 | 고요하다 | 산속 | 변덕스럽다

1 다음의 대상은 어떤 상태나 특성을 가지고 있을까요?

보기	비빔밥	다양한 재료가 잘 섞여 있다	그 맛이 조화롭다
(1)	소개팅	저도 그렇고 상대방도 너무 조용한 성격이다	함께 앉아 있는 내내 어색하다
(2)	아파트	편의 시설이 잘 되어 있다	
(3)	고급 한국어		활용 방법이 까다롭다

> 보기 가 비빔밥을 처음 먹었을 때 어땠어요?
>
> 나 <u>다양한 재료가 잘 섞여 있어서 그 맛이 **조화롭기** 그지없었어요.</u>

(1) 가 어제 소개팅에 나갔다면서요?

　 나 네, 그런데 _____

(2) 가 아파트에 살아 보니 어때요? 이사한 지 이제 한 달 정도 된 거죠?

　 나 _____

(3) 가 5급 문법 중에는 구어적인 표현이 많은 편이야?

　 나 아니, _____

2 다음의 대상을 처음 접했을 때 어떤 느낌이나 인상을 받았습니까? 다음의 문장을 완성해 보십시오.

> 보기 아내/남편 : 아내를/남편을 알게 된 건 대학생 때였는데, 그때의 아내는/남편은 **상냥하기 그지없었다.**

(1) 서울 _____

(2) 한국 드라마 _____

조화롭다 ｜ 소개팅 ｜ 구어적 ｜ 상냥하다

문법 2

V-다시피

한옥의 미적 가치는
어디에서 찾을 수 있을까요?

이 사진에서 보시다시피
특히 한옥의 처마를 통해 그러한
가치를 느낄 수 있다고 생각합니다.

> 듣는 사람이 알거나 듣거나 본 것처럼, 또는 그것과 같이 어떠하다는 의미를 화자가 전달할 때 사용된다. 앞에는
> '알다', '보다', '듣다', '말하다', '느끼다', '짐작하다' 등 일부 동사만 올 수 있다.

이 사진에서 **보시다시피**   한옥의 처마에서 미적 가치를 느낄 수 있다.

↓   ↓

지각 행위   **지각하게 되는 상황이나 상태**

- 이미 **들었다시피** 이번 중간고사는 보고서로 대신합니다.
- 여러분도 **느끼다시피** 음식에는 그 나라의 역사가 담겨 있어요.
- **짐작하다시피** 제주도의 전통 가옥들은 바람에 강한 자재로 지어졌습니다.
- 제가 **말했다시피** 내일부터 학교 축제가 시작됩니다.
- 언어의 차이가 **아시다시피** 사고의 차이를 만들기도 하죠.

🔍 대화 참여자들이 모두 그 상황이나 상태를 보거나 듣거나 또는 알 수 있는 경우에는 뒤에 오는 문장을 생략하고
'V-다시피(요)'로 문장을 끝맺기도 한다.

- 가 방은 이제 좀 깨끗하게 정리가 된 건가요?
  나 네, **보시다시피요.**

미적 ｜ 처마 ｜ 짐작하다

1 이미 보거나 들은 것과 같이 그러하다고 전달할 때 어떻게 말해야 할까요?

보기	알다	●		●	집 안까지 구경하기는 힘들다
(1)	느끼다	●		●	그 사건을 계획적인 범죄라고 보기는 힘들다
(2)	듣다	●		●	외국어 공부에는 인내심이 필요하다
(3)	목격하다	●		●	이 지역은 집값이 몇 년째 계속 오르고 있다

보기 가 저 한옥들은 실제로 살고 있는 사람들이 있는 거죠?

나 그럼요. 그래서 **알다시피** 집 안까지 구경하기는 힘들어요.

(1) 가 아직도 드라마의 한국어 대사를 듣고 바로바로 이해하기가 어려워서 걱정이에요.

  나 여러분도 _____

(2) 가 이 동네로 이사를 오려고 알아보고 있는데 생각보다 집값이 비싸네요.

  나 아까 부동산에서 _____

(3) 가 지난달 서울 시내의 한 식당에서 발생했던 폭행 사건에 대해 어떻게 생각하십니까?

  나 그곳에 있던 여러 사람이 _____

2 뉴스에서는 다음과 같은 정보들을 어떻게 전달할까요? 다음의 뉴스 자막을 보고 문장을 만들어 보십시오.

보기 또다시 찾아온 경제 위기, 이전 경험처럼 절약하는 생활로 극복   24 LIVE TV

LIVE NEWS 전문가들의 예상대로 한국 팀 4강 진출 확정 지어

24 ULTRA HD 사진 속 남성처럼 최근 화장을 하는 남성들이 늘고 있어

보기 이전에도 **경험했다시피** 절약하는 생활로 경제 위기를 극복할 수 있습니다.

(1)

(2)

목격하다 | 인내심 | 대사 | 폭행 | 확정

듣기 어휘

1 한옥의 공간

안방	서재	마루	대청	마당	곳간

(1) (　　　　　　) : 목재로 짜여진 집안의 바닥

(2) (　　　　　　) : 집의 앞이나 뒤에 평평하게 만들어 놓은 땅

(3) (　　　　　　) : 그 집의 안주인이 거처하는 방

(4) (　　　　　　) : 쌀 등의 식량이나 물건을 보관해 두는 곳

(5) (　　　　　　) : 한옥의 안방과 건넌방에서 사이에 있는 제일 큰 마루

(6) (　　　　　　) : 서적을 갖추어 두고 책을 읽거나 글을 쓰는 방

2 한옥 건축과 생활

아담하다	짓다	보전하다	머물다
공존하다	고안하다	젖다	마르다

(1) 이번에 경주에 가면 예쁜 한옥 호텔에서 (　　　　　　) 예정이다.

(2) 햇볕이 좋아서 아침에 널어 놓은 빨래가 뽀송뽀송하게 다 (　　　　　　).

(3) 그 마을은 전통 가옥을 잘 (　　　　　　) 있는 곳으로 알려져 있다.

(4) 새로 이사한 집은 생각보다 크기가 (　　　　　　).

(5) 한복의 대중화를 위해 전통 한복에 활동성을 더한 생활한복을 (　　　　　　) 냈다.

(6) 경복궁을 구경하다 보면 과거와 현재가 (　　　　　　) 있는 느낌이 든다.

3 한옥의 특장점

곡선 양식 온돌 지붕 추녀	한옥의 가장 큰 특징은 난방을 위한 (1) (　　　　　　)와/과 냉방을 위한 마루가 균형 있게 결합된 구조를 갖추고 있다는 점이다. 이러한 구조는 사계절이 공존하는 한반도의 더위와 추위를 동시에 해결하기 위해 고안된 것으로 독특하기 그지없는 건축 (2) (　　　　　　)(이)라고 할 수 있다. 또한 한옥의 (3) (　　　　　　)에서 건물보다 밖으로 나와 있는 부분을 처마라고 하는데 처마는 한옥의 주재료인 나무가 젖는 것을 막아 주는 기능을 한다. 그리고 그 처마의 끝부분을 (4) (　　　　　　)(이)라고 하며 (5) (　　　　　　)을/를 그리며 위로 올라가 있어 젖은 나무가 마르도록 하는 기능을 했다.

듣기 1

● 다음의 도면 중 손님이 원하는 집과 부동산에서 추천하는 집에 해당하는 것은 각각 무엇입니까?
또 두 집의 장단점은 무엇입니까? 대화를 듣고 이야기해 보십시오.

Track 19

①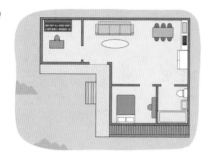

②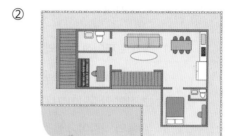

③

④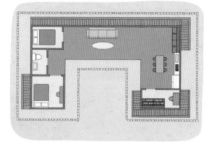

듣기 2

● 여러분은 한옥에 대해서 얼마나 알고 있습니까? 다음 강연을 듣고 이야기해 보십시오.

Track 20

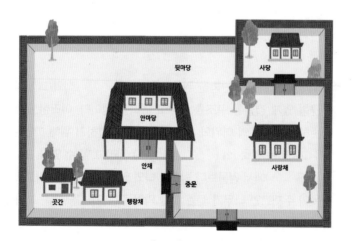

1 다음 빈칸에 한옥이 가지고 있는 각 공간의 특징을 간단하게 써 보십시오.

공간 명칭	기능	특징
사랑채	집안의 남자가 머물면서 손님을 맞이하는 공간	마루에 특별한 가구는 두지 않고 구석에 탁자 정도만 놓았음.
안채		
마당		

2 아래에 제시된 표현을 사용해서 한옥의 각 구성 요소들이 어떠한 가치를 가지는지 말해 보십시오.

온돌과 마루

N은/는 V-기 위해 고안된 것으로 A-기 그지없다

처마와 추녀

N은/는 V-도록 하는 기능을 하며 N에도 영향을 주다

과제

○ 여러분의 나라에는 어떤 전통 가옥이 있습니까? 다음과 같이 전통 가옥과 관련된 정보를 찾아서 메모해 보고 말해 보십시오.

(1) 가옥의 명칭과 의미	(2) 구조적 특징
(3) 주요 소재	(4) 미적, 예술적 가치

지혜 | 구석 | 살림 | 조상 | 균형 | 결합 | 기둥

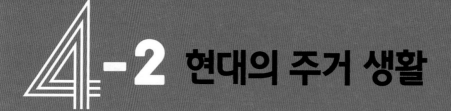

4-2 현대의 주거 생활

- 여러분은 현재 어떤 형태의 집에 살고 있습니까?
- 여러분의 나라에서 일반적으로 선호하는 집은 어떤 형태입니까?

문법 1

V-(으)ㅁ에 따라(서)

아파트의 수가 이렇게 급속도로 증가한 원인이 무엇입니까?

아무래도 많은 인구가 도시에 **집중됨에 따라** 그러한 공동 주택의 필요성이 높아졌기 때문입니다.

> 앞 상황이 원인이 되어 뒤의 결과가 나타남을 의미한다. 주로 공적이고 격식적인 발화에서 앞의 수나 양의 변화에 비례해서 뒤에 오는 수나 양에도 변화가 생겼음을 나타낼 때 사용한다.

많은 인구가 도시에 **집중됨에 따라**	공동 주택의 필요성이 높아졌다.
↓	↓
원인이 되는 상황	그 상황으로 인해 발생한 결과

- 노인 인구가 **증가함에 따라** 관련 산업도 발전하게 되었다.
- 신약 개발에 **성공함에 따라** 이제 암 치료에 대한 기대도 높아지고 있습니다.
- 날씨가 **추워짐에 따라** 아이스크림의 판매량이 감소했어요.
- 주택 문제 등이 **심각해짐에 따라** 도시를 떠나는 사람들이 늘고 있다.
- 한국 영화가 국제 영화제에서 상을 받게 **됨에 따라** 관객 수도 늘어나게 되었다.

🔍 '증가, 감소, 확대' 등과 같이 이미 어떤 변화의 의미를 내포하고 있는 일부 한자로 된 단어들은, 명사의 형태로 '에 따라' 앞에 붙어서 사용될 수도 있다.

- 청년 실업의 **증가에 따라** 대학 재학 기간이 늘어나고 있다.
- 개인 스마트폰의 사용 **확대에 따라** 공중전화를 찾아보기가 힘들게 되었다.

급속도 ｜ 집중되다 ｜ 공동 ｜ 산업 ｜ 암

연습

1 여러분이 전문가가 되어 각 분야의 시장 상황을 분석해 보십시오.

	변화되고 있는 상황	그 변화의 결과
보기	1인 가구가 크게 증가하다	초소형 아파트의 인기가 높아지다
(1)	간편식품이 매우 다양해지다	
(2)		관련 질병으로 병원을 찾는 환자가 많아지다
(3)	대학들이 학생들을 위한 기숙사를 늘리고 있다	

> 보기 **전문가** 최근 아파트 시장에도 변화의 바람이 불고 있는데요.
> 1인 가구가 크게 **증가함에 따라** 초소형 아파트의 인기가 높아지고 있습니다.

(1) **전문가** 요리를 어렵게만 생각하시는 분들께 반가운 소식이 될 텐데요.

_____

(2) **전문가** 올여름 특히 건강 관리에 신경을 써야 하겠습니다.

_____

(3) **전문가** 아시다시피 학교 때문에 집을 떠나 생활해야 하는 학생들이 많은데요.

_____

2 다음은 어떠한 변화를 보여 주는지, 그로 인해 생기는 결과는 무엇인지 설명해 보십시오.

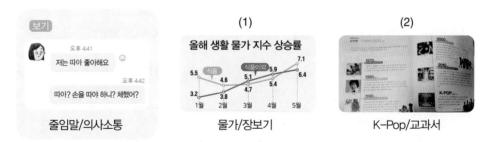

줄임말/의사소통 　　　　물가/장보기 　　　　K-Pop/교과서

> 보기 요즘 줄임말을 사용하는 경우가 **늘어남에 따라** 의사소통에 문제가 생기고 있습니다.

(1) _____

(2) _____

초소형 ┃ 간편식품 ┃ 질병

문법 2

N이자

> 여긴 사무실인 줄 알았는데요. 저쪽에 주방도 있고 침대도 보이네요.

> 네. 이런 곳은 재택근무를 하시는 분들께는 **집이자** 사무실이 되는 공간이죠.

어떤 것이 두 가지 특징을 동시에 가지고 있다는 의미로서 주로 어떤 대상이 일정한 자격과 함께 다른 자격을 가지고 있다는 것을 나타낼 때 사용된다.

재택근무를 하는 사람에게는 　　**집이자**　　　　　**사무실이다.**

↓　　　　　　　　↓

일정한 하나의 특징　　　동시에 가지고 있는 다른 특징

- 요리는 제 **취미이자** 특기입니다.
- 그 사람은 인정받는 **가수이자** 배우이다.
- 우리 엄마는 나의 가장 친한 **친구이자** 롤 모델이에요.
- 고집스러운 면이 있다는 것이 그 친구의 **장점이자** 단점이지.
- 내일은 아내의 **생일이자** 결혼기념일이라서 좀 비싼 식당을 예약해 놓았다.

🔍 'N이자 N이다'의 형태 외에 문장에서 다음과 같은 형태로 사용되어 어떤 특징이나 자격, 관계 등을 나타내기도 한다.

- 부모님이 걱정하실까 봐 **처음이자 마지막**으로 부모님께 거짓말을 하기로 했다.
- 김 대리는 내게 직장 **동료이자 먼 친척**이 된다.

특기 ｜ 롤 모델 ｜ 고집스럽다 ｜ 결혼기념일

1 한국 생활에 대한 설문 조사의 질문에 '네, 아니요'로 답하고 추가 설명을 써 보십시오.

질문 주제	추가 설명
보기 한국에서 친해진 사람	가장 친한 친구 / 한국어 선생님
(1) 인상 깊었던 장소	유명한 관광지 / 역사 교실과 같은 곳
(2) 다시 돌아가고 싶다고 생각한 적	제2의 고향 / 내 삶의 터전
(3) 새로 관심을 가지게 된 것	새로 생긴 취미 / 특기

보기 질문 한국에 살면서 친해진 사람이 있습니까?

대답 ☑ 네 ☐ 아니요 (그 사람은 내 가장 친한 **친구이자** 한국어 선생님이다.)

(1) 질문 한국에서 가 본 곳 중에 인상 깊었던 장소가 있습니까?

대답 ☑ 네 ☐ 아니요 (한옥 마을은 _____)

(2) 질문 한국 생활이 힘들어서 다시 돌아가고 싶다고 생각한 적이 있습니까?

대답 ☐ 네 ☑ 아니요 (한국은 이제 _____)

(3) 질문 한국에 와서 새로 관심을 가지게 된 것이 있습니까?

대답 ☑ 네 ☐ 아니요 (사진 촬영이 한국에서 _____)

2 다음의 대상들 중 두 가지를 골라, 그 대상이 여러분에게 어떤 역할을 하는지 또는 어떤 의미가 있는지 말해 보십시오.

아이돌　　스마트폰　　한국어 공부　　부모님　　집　　?

보기 아이돌은 나에게 **소중한 보물이자 비타민**과 같은 존재입니다.

(1)

(2)

인상 깊다 | 삶 | 터전 | 보물

읽기 어휘

1 사회의 변화

| 산업화 | 근대화 | 단절 | 초기 | 옛날식 | 인구 집중 |

(1) (   ) : 옛날의 것과 같은 방식
(2) (   ) : 근대적인 상태가 됨. 또는 그렇게 함.
(3) (   ) : 산업의 형태가 됨. 또는 그렇게 되게 함.
(4) (   ) : 많은 수의 인구가 도시 지역으로 이동하는 현상
(5) (   ) : 어떠한 연결 상태나 관계를 끊음.
(6) (   ) : 정해진 기간이나 일의 처음이 되는 때나 시기

2 도시와 주택

| 특수하다 | 낡다 | 공급하다 | 되팔다 |
| 제한하다 | 전망하다 | 해소하다 | 나아가다 |

(1) 주차장이 없는 집으로 이사를 하면서 타고 다니던 차를 중고 시장에 (   ).
(2) 건조한 날씨에는 피부에 수분을 충분히 (   ) 된다.
(3) 정부는 주택난을 (   ) 위해 저렴한 임대 주택의 보급을 확대하기로 했다.
(4) 이 주택의 바닥에는 층간 소음 방지용으로 (   ) 제작된 자재가 사용되었다.
(5) 큰 배가 파도를 넘어 앞으로 (   ) 모습이 정말 멋있어 보였다.
(6) 여기는 아파트의 입주민 외에는 출입을 (   ) 있어 아무나 들어갈 수 없다.

3 아파트 이야기

건축물	아파트라는 (1) ( )은/는 한국 사람들에게는 아주 익숙한 형태의 집이다. 하지만 프랑스 사람인 이 책의 작가에게 한국의 아파트
단지	(2) ( )은/는 꽤 충격적으로 받아들여졌다. 특히 한국의 경우와 같이 (3) ( )의 아파트가 수도인 서울의 (4) ( )에 존
대규모	재한다는 것을 작가는 매우 특수한 현상으로 바라보고 있다. 작가는 공급 초
입주	기에 비교적 저렴하게 아파트에 (5) ( )을/를 한 뒤 좀 더 비싼
중심부	가격으로 되팔아 이익을 남기는 경우가 늘어남에 따라 아파트가 점점 더 환영을 받게 되었던 것이라고 분석하기도 했다.

읽기 1

📑 다음은 주거 생활과 관련된 설문 조사의 결과를 나타내는 자료들입니다. 다음 자료들을 보고 각각의 질문을 완성해 보십시오. 또한 여러분이라면 어떻게 대답했을지 말해 보십시오.

(1) 주택 구입 시 (   )?

(2) 서울 거주를 (   )?

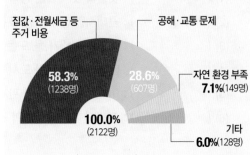

읽기 2

📑 다음은 「아파트 공화국」이라는 책을 읽고 쓴 독후감입니다. 다음을 읽고 질문에 대답해 보십시오.

아파트에 산다는 건

(가) 아파트라는 건축물은 한국 사람들에게는 아주 익숙한 형태의 집이다. 하지만 프랑스 사람인 이 책의 저자에게 한국의 아파트 단지는 꽤 충격적으로 받아들여졌다. 특히 한국과 같이 대규모의 아파트 단지가 수도인 서울의 중심부에 존재한다는 것을 저자는 매우 특수한 현상으로 바라보고 있다.

(나) 저자는 한국과 프랑스의 아파트를 여러 부분에서 비교하면서 다양한 산업 분야 중에서도 건축, 특히 아파트의 존재는 한국의 산업화와 근대화를 상징적으로 나타내는 것이라고 설명하고 있다. 즉 오래되고 낡은 한옥에서 깨끗하고 새로운 아파트로 이동해 가는 모습이 근대적 세계로 나아가는 것을 의미한다는 것이다. 저자는 공급 초기에 비교적 저렴하게 아파트에 입주를 한 뒤 좀 더 비싼 가격으로 되팔아 이익을 남기는 경우가 늘어남에 따라 당시 한국인들에게 아파트가 점점 더 환영을 받게 되었던 것이라고 분석하기도 했다.

▶ 내용 확인

1. 중심 내용
(가) 저자가 바라본 한국 아파트의 모습은 충격적이었다.

(나) 저자는 아파트가 한국의 근대화를 보여 주는 것이라고 설명한다.

한국 최초의 단지형 아파트 – 1962년, 마포 아파트

(다) _____
_____
_____

(라) 저자는 아파트가
가져올 미래를 부
정적으로 전망하
고 있지만, 현대인
들에게 아파트가
제공하는 장점도
많다.

(마) _____
_____
_____

(다) 물론 초기의 아파트들은 시설 면에서 지금의 모습과 매우 달라서 생활하기에 그리 편리하지는 않았던 것 같다. 아파트라고는 해도 옛날식 화장실과 부엌, 연탄 난방 등 일반 단독 주택보다 편한 점이 별로 없었다는 점에서 긍정적으로만 보기는 힘들었다고 한다. 그렇다고 한다면 아파트가 지금처럼 한국의 대표적인 주거 형태가 된 이유는 제한된 면적의 땅에 주택을 공급하는 가장 효율적인 방법이었기 때문이 아닐까 싶다.

(라) 지리학자이기도 한 저자는 결론 부분에서 한국의 대단지 아파트와 사회 변화 사이에 부정적인 현상이 나타날 것이라고 전망하고 있다. 점점 아파트 입주민과 외부인이 단절되어 가는 한국 사회를 보면서 특히 서울이라는 도시의 기능과 가치가 지속되기는 어렵다고 보고 있는 것이다. 저자의 사회적, 문화적 배경과 관계없이 그러한 분석과 전망에는 나도 충분히 공감할 수 있었다. 또한 아파트가 대도시 인구 집중으로 인한 주택 문제를 해소하는 데 큰 역할을 담당했다고 할지라도 부정적인 전망은 어느 정도 인정할 수밖에 없다고 본다. 그러나 반면 아파트라는 공간이 현대인들의 생활 방식에 맞게 지어짐에 따라 제공받을 수 있는 편리함과 편안함을 무시할 수는 없다. 오히려 아파트라는 사회 안에서 자유롭고 안전한 일상을 누리고 있는 사람들도 적지 않을 것이기 때문이다.

(마) 이 책은 아파트 단지가 너무나 익숙해진 나에게 새로운 시각으로 아파트를 바라볼 수 있게 하는 책이었다. 물론 저자가 살고 있는 사회에서 생각하는 아파트와 한국의 아파트는 출발부터 많이 다르기 때문에 저자의 의견 중 동의할 수 없는 부분도 분명히 있었다. 하지만 오히려 그렇게 다른 의견들 덕분에 내가 살고 있는 사회와 집에 대해서 더 많은 생각을 할 수 있었던 것 같다.

▶ 표현 확인

아파트라고는 해도 옛날식 화장실과 부엌, 연탄 난방 등 일반 단독 주택보다 편한 점이 거의 없다는 점에서 긍정적으로 보기 힘들었다고 한다.

N(이)라고는 해도
: N(이)라고 말할 수 있기는 하지만 (그것의 일반적인 모습과는 다른 특징이 있음.)

예 내 집이라고는 해도 대출을 많이 받았기 때문에 마음이 편하지 않다.

환영 ｜ 연탄 ｜ 단독 주택 ｜ 면적 ｜ 유일하다 ｜ 지리학자 ｜ 외부인 ｜ 동의하다

 다음 질문을 읽고 대답해 보십시오.

(1) 책의 저자는 한국 아파트의 어떤 점을 특수한 현상으로 봤습니까?

(2) 공급 초기에 한국에서 아파트가 환영을 받았던 이유에 대해 책의 저자는 어떻게 설명했습니까?

(3) '내'가 생각하는 아파트의 장점은 무엇입니까?

2 윗글의 (마)를 다음과 같이 바꿔 쓰려고 합니다. 잘 읽고 제시된 표현을 사용해서 (   )에 적절한 말을 넣어 보십시오.

> 사실 나는 건축에 대해서 잘 모르기 때문에 처음에는 이 책의 내용이 어렵기 그지없었다. 하지만 매일 조금씩 책을 읽는 시간을 (   ) 어려운 내용도 점차 이해할 수 있게 되
> V-(으)ㅁ에 따라
> 었고 저자의 생각도 알 수 있게 되었다. 물론 아파트에 대한 저자의 의견 중 동의할 수 없는 부분
> 도 있었지만 (   ) 지리학자인 외국인의 다른 의견 덕분에 나도 새로운 시각
> N이자
> 으로 우리 사회와 집을 바라볼 수 있게 된 것 같다.

과제

○ 여러분은 다음과 같은 말들을 들어 본 적이 있습니까? 다음은 한국인들이 집을 고를 때 고려하는 조건들을 나타내는 말입니다. 다음 말들의 의미를 알아보고, 여러분의 나라에서는 집을 고를 때 어떤 조건들을 중요하게 생각하는지 말해 보십시오.

| 역세권 | 숲세권 | 조망권 | 일조권 | 층간 소음 | 벽간 소음 |

| 직주 근접 | 재택 공간 | 신축 | 구옥 | ? |

"저는 따로 출근을 하지 않습니다.
집이 작업실이자 휴식 공간이 되는 것이죠.
그래서 숲세권의 집을 얻었으면 합니다.
일할 때나 쉴 때나 늘 자연을 가까이 하고 싶어서요."

어휘 늘리기

> ‘되’로 시작하는 말에는
> 어떤 의미가 있을까요?

> 일부 동사 앞에 붙어서 ‘도로’, ‘반대로’ 또는 ‘다시’의 뜻을 더하는 말

1 다음 말들은 어떤 의미를 가지고 있을지 말해 보십시오.

되찾다	되팔다	되돌리다	되돌아가다	되돌아오다	되돌아보다
되묻다	되뇌다	되새기다	되살리다	되살아나다	되짚다

- 어머니의 전화를 받고 급하게 차를 **되돌려** 집으로 갔다.
- 그 선수는 국가대표로 선발된 후에 잃어버렸던 자신감을 **되찾은** 것 같습니다.

2 다음 그림을 보고 ‘되–’로 이루어진 동사들을 사용해서 이야기를 만들어 보십시오.

파이팅

되살아나다	되돌아가다	되돌리다	되찾다
: 오늘 아주 오랜만에 앨범에서 어릴 적 사진을 보고 그 때의 기억이 **되살아났다.**	: 할 수만 있다면	: 하지만 지난	: 그래도 오랜만에

속담

- **아니 땐 굴뚝에 연기 날까**
  원인이 없으면 결과가 있을 수 없음을 비유적으로 이르는 말
- **곳간에서 인심 난다**
  자신이 여유가 있어야 다른 사람도 도울 수 있음을 비유적으로 이르는 말

4-3 TOPIK 유형으로 확인하기

문법과 표현

- 정말 오랜만에 고향 친구들을 만나니 **반갑기 그지없었다.**
- 잘 **알다시피** 주말에는 빈방을 찾기가 힘듭니다.
- 노인 인구가 **증가함에 따라** 관련 산업도 발전하게 되었다.
- 그 사람은 인정받는 **가수이자** 배우이다.

◎ 주어진 단어를 활용하여 빈칸에 다양한 말을 넣어 보십시오.

보다

이 사진에서 (   ) 최근 한옥 분위기의 카페나 식당 등이 늘고 있습니다.

(1) 빈칸에는 어떤 표현들을 사용해 볼 수 있을까요?

> 보기   보시는 것처럼 … _____

(2) 위의 표현 중에 가장 적절하다고 생각되는 표현은 무엇입니까? 자신이 그 표현을 선택한 이유를 이야기해 보십시오.

실전 연습

※ [1–2] (   )에 들어갈 말로 가장 알맞은 것을 고르십시오.

1. (   )

   줄임말의 남용 등으로 한국어의 고유성이 지켜지지 못하는 현실이 (   )

   ① 안타까울까 싶다.　　　　　　　　② 안타깝기 그지없다.

   ③ 안타까울 줄 몰랐다.　　　　　　　④ 안타까울 리가 없다.

2. (   )

   아까 전화로 (   ) 지금 보러 가시는 집은 욕실이 두 개입니다.

   ① 말씀드리느니　　　　　　　　　　② 말씀드리도록

   ③ 말씀드렸다시피　　　　　　　　　④ 말씀드렸을뿐더러

● 밑줄 친 부분과 바꿔 쓸 수 있는 표현들을 적어 보십시오.

> 주택 문제 등이 **심각해짐에 따라** 도시를 떠나는 사람들이 늘고 있다.

(1) 밑줄 친 표현은 어떤 표현으로 바꿔 볼 수 있을까요?

보기 심각해지면서 … _____

(2) 자신이 적은 표현과 제시된 표현 사이에는 어떤 차이가 있습니까? 두 표현을 비교해서 설명해 보십시오.

실전 연습

※ [3~4] 밑줄 친 부분과 의미가 가장 비슷한 것을 고르십시오.

3. (   )

우리 가족은 내 보물이자 내가 살아가는 이유이다.

① 보물치고   ② 보물이나마

③ 보물은커녕   ④ 보물이거니와

4. (   )

1인 가구가 늘어남에 따라 소형 주택의 공급이 활발해지고 있다.

① 늘어나서는   ② 늘어날지라도

③ 늘어남으로 인해   ④ 늘어나는 데다가

비교해 봅시다

'-(으)ㅁ에 따라(서)' vs '~(으)로 인해(서)'

변화의 성격을 가지고 있는 어떤 상태나 동작이 원인이 될 때에는 주로 '-(으)ㅁ에 따라(서)'를 사용하고, '-(으)로 인해(서)'는 이미 정해진 어떤 개념이나 대상이 원인이 될 때 많이 사용한다.

• 출생률이 계속 감소함에 **따라** 초등학교의 수도 점점 줄고 있다.
• 태풍으로 **인해** 사흘간이나 공항이 폐쇄되었다.

읽기

1 다음은 무엇에 대한 글인지 고르십시오. (   )

> ## 사람이 짓고 사람이 사는 곳!
> ### 지하철역과 쇼핑센터가 5분 거리에!

① 학교   ② 병원   ③ 편의점   ④ 아파트

2 다음을 순서에 맞게 배열한 것을 고르십시오. (   )

> (가) 이런 돌담의 기능은 그것이 쌓여 있는 위치에 따라 다르다.
>
> (나) 제주도에서는 가는 곳마다 길게 이어진 돌담을 만날 수 있다.
>
> (다) 또한 해안에 쌓아 놓은 돌담은 파도에 의한 피해를 막는 기능도 한다.
>
> (라) 집을 둘러싸고 있는 돌담은 외부인이 집안 내부의 모습을 보지 못하게 하고 바람의
>   피해를 줄이는 기능을 한다.

① (가) – (나) – (다) – (라)

② (가) – (다) – (나) – (라)

③ (나) – (가) – (라) – (다)

④ (나) – (다) – (가) – (라)

· 집은 '사는 것'이 아니라 '사는 곳'이라는 말을 들어본 적이 있습니까?

    여러분은 이런 광고 문구를 들어본 적이 있나요? 이렇게 최근 집을 대하는 다양한 기준과 집에 대한 철학을 보여주는 개성 있는 문구의 주택 광고들이 많이 등장하고 있는데요. 다음의 광고 문구들은 소비자들에게 그 집의 어떠한 특징을 부각시키려고 하는 것일까요?

집으로 말합니다.

 투자의 명당, 주거의 명당

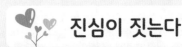 진심이 짓는다

 보이는 세상이 다르다

[3-5] 다음을 읽고 물음에 답하십시오.

> 이 책의 저자는 결론 부분에서 한국의 대단지 아파트와 사회 변화 사이에 부정적인 현상이 나타날 것이라고 전망하고 있다. 점점 아파트 입주민과 외부인이 단절되어 가는 한국 사회를 보면서 특히 서울이라는 도시는 지속되기 어렵다고 보고 있는 것이다. 저자의 사회적, 문화적 배경을 막론하고 그러한 분석과 전망에는 나도 충분히 공감할 수 있었다. 또한 아파트가 대도시 인구 집중으로 인한 주택 문제를 해소하는 데 큰 역할을 담당했다고 할지라도 (   ) 미래에 대한 불안과 우려는 어느 정도 인정할 수밖에 없다고 본다. 그러나 반면 아파트라는 공간이 현대인들의 생활 방식에 맞게 지어짐에 따라 거기에서 제공 받을 수 있는 편리함과 편안함을 무시할 수는 없다. 오히려 아파트라는 사회 안에서 자유롭고 안전한 일상을 누리고 있는 사람들도 적지 않을 것이기 때문이다. 이렇게 본다면, 이제는 아파트의 장점을 인정하면서 또 한편으로는 보다 다양한 형태의 주거 공간에 대해 고민해 봐야 한다. 대단지 아파트와 같은 공동 주택 외에도 그 주택이 들어설 지역의 환경적인 특성이나 주변의 다른 주택들과의 조화 그리고 집을 찾는 사람들의 다양한 주거 목적과 생활 양식이 반영된 주택들을 계획하고 공급할 수 있도록 해야 할 것이다.

3 윗글을 쓴 목적으로 가장 알맞은 것을 고르십시오. (   )

① 아파트 문화의 특수성을 설명하기 위해
② 다양한 주택 공급의 필요성을 알리기 위해
③ 서울 지역 주택들의 특징을 분석하기 위해
④ 미래에 지어질 새로운 형태의 집들을 소개하기 위해

4 (   )에 들어갈 말로 가장 알맞은 것을 고르십시오. (   )

① 아파트에 거주할 수 없는
② 입주민들의 생활이 제한되는
③ 아파트 중심의 사회가 가져올
④ 다양한 형태의 공동 주택이 지어질

5 윗글의 내용과 같은 것을 고르십시오. (   )

① 아파트가 도시 문제를 해결하는 데 기여한 부분도 있다.
② 아파트의 입주민들은 미래에 대한 불안감을 느끼고 있다.
③ 이 책의 작가는 서울의 미래가 밝을 것으로 전망하고 있다.
④ 주택 문제를 해소하려면 서울 외 다른 지역에 집을 많이 지어야 한다.

듣기

1 다음을 듣고 가장 알맞은 그림 또는 그래프를 고르십시오. (　　　)

Track 21

①

②

③

④

2 다음을 듣고 들은 내용과 같은 것을 고르십시오. (　　　)

① 안채는 다양한 목적의 공간으로 되어 있다.

② 곳간을 관리하는 책임은 주로 남성들에게 있다.

③ 여성들은 손님이 올 때만 사랑채에 갈 수 있다.

④ 하인들은 사랑채에서 바로 보이는 곳에 머무른다.

Track 22

[3-4] 다음을 듣고 물음에 답하십시오.

Track 23

3 남자가 무엇을 하고 있는지 고르십시오. (　　　)

① 이사 일정을 변경하고 있다.

② 한옥 매물에 대해 문의하고 있다.

③ 한옥의 장점에 대해 소개하고 있다.

④ 한옥의 관리 방법을 설명하고 있다.

4 들은 내용과 같은 것을 고르십시오. (　　　)

① 남자는 아내와 같은 직장에 다닌다.

② 요즘은 방이 많은 집을 찾기가 힘들다.

③ 두 사람은 마당이 넓은 집을 보러 갈 것이다.

④ 남자는 관리가 어렵지 않은 집에 살고 싶어한다.

말하기

● 뉴스를 듣고 자료에 제시된 사회 현상을 설명하십시오. 그리고 그 현상의 이유와 전망에 대해 말하십시오.

Track 24

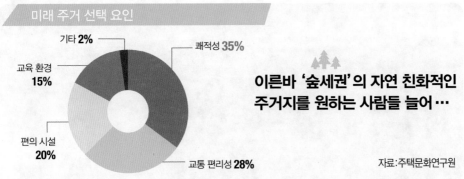

: 주택문화연구원의 조사 결과에 따르면 미래 주거 선택 요인으로 35%에 달하는 사람들이 주거의 쾌적성을 꼽은 것으로 나타났다.…

쓰기

[1-2] 다음 글의 ㉠과 ㉡에 들어갈 말을 한 문장씩 쓰십시오.

1

> 이 아파트는 지어진 지 1년밖에 되지 않아서 깨끗한 편입니다. 근처에 지하철역도 있고 공원, 문화 회관, 영화관, 실내 체육관 등 여러 시설이 잘 갖추어져 있어서 편리합니다. 게다가 내후년이면 대형 쇼핑센터까지 들어선다고 하니 (㉠   ). 서울 시내에서 이만한 곳은 없을 것입니다. 더 좋은 곳은 찾기가 어려울 테니 (㉡   ). 아마 놓치시면 후회하실 겁니다.

㉠ _____   ㉡ _____

2

> 한국의 전통적인 난방 방식은 온돌이다. 온돌은 아궁이에 불을 때서 방바닥을 따뜻하게 하는 난방 방식이다. 온돌식 난방은 한국 사람들의 생활에 뿌리 깊게 자리를 잡고 있다. 온돌은 (㉠   ) 방안의 습도 조절이나 공기 순환에도 큰 역할을 해 왔기 때문이다. 그래서 지금도 한국 사람들은 어떠한 집에 살든지 온돌처럼 (㉡   ) 만드는 장치를 설치하고 있다.

㉠ _____   ㉡ _____

music

CHAPTER

5

한국의 미

5-1 한복의 디자인

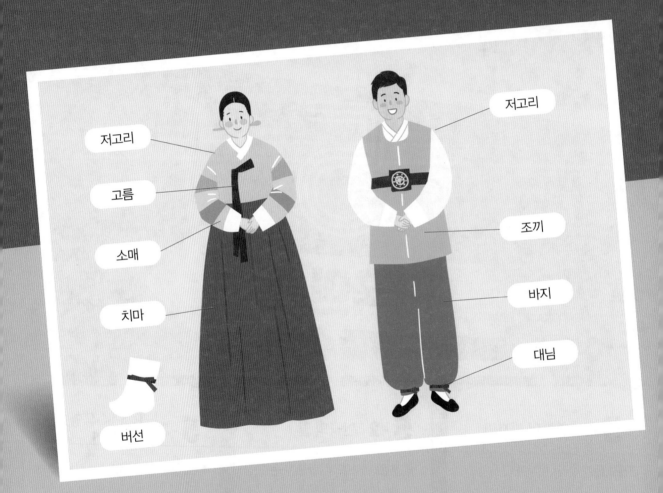

- 한복의 특징이 뭐라고 생각합니까?
- 여러분 나라의 전통 의상은 어떤 특징이 있습니까?

문법 1

V-고 나서야

> 한복을 입어 보니 어땠어요?

> 한복을 입어 보고 나서야 한복이 제게 잘 어울리는 옷이라는 것을 알게 되었어요.

그전까지는 몰랐거나 변화가 없던 것이 어떤 시점이나 사건 이후로 깨닫게 되거나 달라지는 것을 강조할 때 사용한다. '비로소' 등과 함께 쓰는 경우가 많다.

한복을 **입어 보고 나서야**	한복이 내게 잘 어울리는 옷이라는 것을 알게 되었다.
↓	↓
특정 시점	그 이후로 일어난 일이나 알게 된 사실

- 꽃이 **지고 나서야** 봄이 왔다는 것을 깨달았다.
- 전에는 몰랐던 것들을 시간이 **지나고 나서야** 비로소 알게 되는 때가 있다.
- 예술가들 중에는 세상을 **떠나고 나서야** 그 가치를 인정받게 된 예술가도 있다.
- 대부분의 사람들은 은퇴를 **하고 나서야** 노후 준비를 하지 않은 것을 후회한다.
- 아이를 직접 **키워 보고 나서야** 저희 부모님의 사랑을 깨닫게 되었어요.

🔍 'V-고서야' 형태로도 사용할 수 있다.

- 나는 그동안 참았던 눈물을 **쏟아 내고서야** 그 자리를 떠날 수 있었다.
- 그게 나에게 얼마나 큰 의미가 있었는지 **잃어버리고서야** 그 소중함을 깨닫게 되었다.

비로소 ｜ 은퇴 ｜ 노후 ｜ 쏟아 내다

연습

1 어떤 사실을 나중에 알게 된 적이 있습니까? 보기 와 같이 질문에 대답해 보십시오.

> 보기 가 지갑을 잃어버렸다는 것을 언제 아셨습니까?
>
> 나 숙소에 **도착하고 나서야** 지갑을 기차에 두고 내렸다는 걸 알았습니다.

(1) 가 사기를 당했다는 사실을 어떻게 알게 되었습니까?

　　나 경찰서에서 _____

(2) 가 한국에 오기 전에는 전혀 몰랐다가 한국에 와서 알게 된 것이 있습니까?

　　나 네, _____

(3) 가 지금까지 살면서 가족의 소중함을 깨달은 적이 있습니까?

　　나 _____

2 어떤 경험을 통해 자신의 몰랐던 면을 알게 된 적이 있는지 이야기해 보십시오.

> 보기　재능 : 어릴 때 학창 시절에는 몰랐는데 한국어 공부를 **시작하고 나서야** 내가 남들보다 단어를 잘 외운다는 걸 깨달았다.

(1)　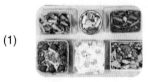　음식 취향

(2)　　패션

사기 ┃ 학창 시절

문법 2

이번 한복 디자인 공모전에서 따님이 대상을 수상했는데요. 기쁘시겠습니다.

네, 저희 딸이 대상을 수상하다니, 자랑스럽기 이를 데 없습니다.

상태나 정도가 대단함을 나타낸다. 그 정도가 최고의 상태에 이르렀음을 강조할 때 사용한다.

딸이 **자랑스럽기 이를 데 없다.**

↓

정도가 끝이 없을 만큼 대단함

- 아들이 시험에 합격했다는 소식을 듣고 **기쁘기 이를 데 없었어요.**
- 한복을 입고 나타난 그녀의 자태는 아름답고 **우아하기 이를 데 없었다.**
- 그녀의 표정과 작은 잡티까지도 모두 표현해 낸 그 그림은 **섬세하기 이를 데 없었다.**
- 방귀 뀐 놈이 성낸다고 자기가 잘못했으면서도 나한테 화를 내다니 **황당하기 이를 데 없네.**
- 아직은 **엉성하기 이를 데 없는** 실력이지만 꾸준히 하다 보면 언젠가 잘하게 될 거예요.

'이를 데 없이'의 형태로도 사용할 수 있다.

- **이를 데 없이** 행복한 하루하루가 지나가고 있었다.
- 그동안 답답했던 마음을 솔직하게 쏟아 내고 나니 **이를 데 없이** 개운했다.

자랑스럽다 | 자태 | 잡티 | 섬세하다 | 방귀 뀐 놈이 성낸다 | 황당하다 | 엉성하다

1 보기 와 같이 아래에서 알맞은 표현을 골라 문장을 완성해 보십시오.

	알게 된 내용	상태나 정도에 대한 평가
보기	빚을 갚으라고 준 돈으로 쇼핑을 하다	(뻔뻔하다) / 부끄럽다
(1)	결혼식을 올리지 않고 결혼 기념사진만 찍다	화려하다 / 소박하다
(2)	작년에 태풍 피해를 입은 지역이 또 피해를 입다	안타깝다 / 자랑스럽다
(3)		착잡하다 / 억울하다

보기 가 드라마에서 부모가 아들한테 받은 돈으로 쇼핑하는 장면을 보고 정말 화가 났어요.

나 맞아요. <u>빚을 갚으라고 준 돈으로 쇼핑을 하다니, 참으로 **뻔뻔하기 이를 데 없어요.**</u>

(1) 가 배우 오이수가 결혼하면서 결혼식을 올리지 않았다면서요?

　　나 네, 저도 들었어요. _____

(2) 가 태풍 피해가 심각하다던데 이야기 들었어요?

　　나 네, _____

(3) 가 헤어진 남자 친구가 매일 술을 마시면서 지낸다던데 이야기 들었어요?

　　나 네, 들었어요. 잘 지내는 줄 알았는데 _____

2 다음의 표현을 사용하여 인물이나 사물에 대해 표현해 보십시오.

보기	상냥하다	신비롭다	정교하다	화사하다

어제 간 식당은 사람들로 발 디딜 틈 없이 복잡했다. 밀려드는 주문들로 바쁜데도 주인과 종업원은 모두 친절할뿐더러 **상냥하기 이를 데 없었다.** 음식 또한 만족스럽기 그지없었다.

(1)

(2)

빚 | 갚다 | 뻔뻔하다 | 소박하다 | 착잡하다 | 억울하다 | 정교하다 | 화사하다

듣기 어휘

1 한복의 아름다움

비단	고리	장신구	날개

(1) (   ) (2) (   ) (3) (   ) (4) (   )

2 한복의 디자인과 입는 법

둥글다	기다랗다	붉다	잇다	넉넉하다
가리다	여미다	묶다	수놓다	풍성하다

(1) 추석 밤하늘에 (   ) 보름달이 떴다.

(2) 7시쯤 되자 파란 하늘은 어느새 (   ) 물들어 가고 있었다.

(3) 날씨가 더운 여름날에는 머리를 풀고 있기보다는 위로 올려 (   ) 것이 좋다.

(4) 패션쇼에 선보인 한복은 여러 색깔의 실로 화려하게 (   ) 소매가 특히 인상적이었다.

(5) 내가 어렸을 때 겨울철에 밖으로 나가려고 하면 할머니는 내 코트를 (   ) 주시며 항상 몸을 따뜻하게 해야 한다고 말씀하셨다.

3 조선 시대 혼례복

관복	
빛깔	조선 시대에 결혼할 때 남자는 사모관대 차림을 하고 여자는 활옷을 입었다.
예복	사모관대는 궁에서 관리들이 입었던 (1) ( )와/과 모자를 이른다. 활옷
정성	은 조선 시대 궁궐에서 (2) ( )(으)로 쓰이던 여자 옷인데 결혼할 때는
한 땀 한 땀	일반 여성도 입을 수 있게 허락했다. (3) 붉은 ( )의 비단 활옷을 만드는 데에는 여러 과정이 필요했다. 게다가 비단옷에 여러 색깔의 실로 나비와 꽃, 여러 동물들을 (4) ( ) 수놓는 데 엄청난 (5) ( )이/가 들어갔다.

듣기 1

● 다음은 한복 체험에 대한 대화입니다. 한복의 각각의 명칭을 알고 있습니까? 다음을 듣고 질문에 답해 보십시오.

Track 25

① _____

고름

② _____

1️⃣ 어떤 순서로 옷을 입어야 합니까? 다음 빈칸에 메모하면서 들으십시오.

_____ → 속치마 → _____ → _____

2️⃣ 한국의 전통 의상은 어떤 특징을 가지고 있습니까?

3️⃣ 여러분 나라의 전통 의상과 한국의 전통 의상은 어떤 점이 다릅니까?

듣기 2

● 아래의 옷을 언제 입는지 알고 있습니까? 다음을 듣고 질문에 답해 보십시오.

Track 26

속바지 | 속치마 | 겉치마 | 폭 | 품 | 노리개 | 직선 | 끝동 | 천 | 사극 | 처지 | 고름 | 매다

1 신랑과 신부는 어떤 옷을 입습니까?

신랑의 옷	
신부의 옷	

2 신랑 신부가 입고 있는 옷은 원래 누가 입는 옷입니까?

신랑의 옷	
신부의 옷	

3 전통 혼례와 현대의 결혼식은 어떤 점이 비슷하고 어떤 점이 다릅니까?

과제

○ 다른 나라의 혼례 의상은 어떻습니까? 여러분 나라의 혼례 의상과 비교해서 이야기해 보십시오.

옷의 구성	옷감	색상	장식

_____

_____

_____

혼례를 올리다 | 관리 | 신분 | 허용하다 | 공주 | 거치다 | 일일이 | 대여하다 | 장례 | 고인 | 수의

5-2 한국의 탈

- 한국의 탈을 본 적이 있습니까?
- 여러분의 나라에는 어떤 탈이 있습니까?

문법 1

A-(으)ㄴ 만큼, V-는 만큼

이번에 선보이시는 공예품들 중에 인상적인 작품들이 많은데요.

정성을 들여 만든 만큼 많은 분들이 사랑해 주시리라 기대하고 있습니다.

원인이나 근거를 나타낼 때 사용한다. 정도나 양을 나타내는 '만큼'의 의미가 남아 있어 앞의 원인이나 근거의 정도를 기준으로 뒤의 상태도 그 정도의 결과가 나오는 것을 의미한다.

정성을 들여 **만든 만큼**   많은 분들이 사랑해 주시리라 믿는다.

↓   ↓

원인이나 근거   **결과**

- 산불은 한번 발생하면 막대한 피해가 **생기는 만큼** 예방에 힘써야 한다.
- 치료를 제때 하지 않으면 **악화될 수 있는 만큼** 증상이 조금이라도 있으면 병원을 방문하세요.
- 미래 못지않게 현재도 **중요한 만큼** 최선을 다해서 지금 이 순간을 즐기면서 일해야 한다.
- 그는 예술 발전에 헌신과 노력을 **아끼지 않은 만큼** 많은 예술인들에게 존경을 받고 있다.
- 경기가 안 좋은 **시기인 만큼** 우리도 좀더 허리띠를 졸라맬 필요가 있다.

🔍 'N인 만큼'은 'N(이)니만큼' 형태로도 사용할 수 있다.

- 5월은 각종 행사나 가족 모임이 많은 **때니만큼** 식당 예약을 서두르셔야 합니다.
- 꽃이 피는 **봄이니만큼** 설레는 마음으로 바깥 나들이를 준비하시는 분들이 많습니다.

공예품 ┃ 막대하다 ┃ 헌신 ┃ 나들이

1 여러분이 다음의 사람이 되어 문장을 완성해 보십시오.

보기	부쩍 더워지다	강한 자외선에도 신경을 써야 하겠다
(1)	바지 통이 크다	하체의 단점도 보완해 주고 활동하는 데에도 불편함이 없다
(2)		기대에 부응해 열심히 하도록 하겠다
(3)	첫 회사이다	

> 보기 앵커   현장에 나가 있는 기상 캐스터! 오늘의 날씨 어떻습니까?
>
> 기상 캐스터 오늘부터 날씨가 부쩍 <u>**더워지는 만큼**</u> 강한 자외선에도 신경을 써야 하겠습니다.

(1) 고객   이 옷은 다른 바지들에 비해 바지 통이 넓은 편이네요.

　　판매자   네, _____

(2) 기자   올림픽을 앞두고 국민 여러분께 한 말씀 부탁드립니다.

　　국가대표 선수 _____

(3) 대리   오늘 첫 출근인데 출근 소감이 어떤가요?

　　신입 사원 _____

2 여러 사회 현상에 대해 어떻게 전망하는지 다음과 같이 문장을 완성해 보십시오.

보기		한류 문화 : 전 세계적으로 한류 문화가 **확산되고 있는 만큼** 한국의 전통 문화에 대한 외국인들의 관심도 꾸준히 늘어날 것으로 기대된다.
(1)	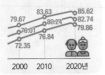	인간의 평균 수명
(2)		인공 지능 기술

부쩍 | 자외선 | 통 | 하체 | 보완하다 | 부응하다 | 기상 캐스터 | 소감 | 평균

문법 2

A/V-(으)ㅁ에 틀림없다

이 작품은 언제쯤 만들어졌을까요?

여기에 있는 무늬로 보아 이 작품은 1800년대 작품임에 틀림없습니다.

추측한 내용에 대한 확신을 나타낸다. '틀림없다'는 조금도 틀리지 않는다는 의미로 그 사실을 강조할 때에 사용한다.

여기에 있는 무늬로 보아	이 작품은 300년 전 **작품임에 틀림없다.**
↓	↓
근거	확신

- 계속 시계를 보는 걸 보니 분명 중요한 일이 **있음에 틀림없었다.**
- 전 세계적인 한류 열풍에 아이돌 팬덤도 **한몫했음에 틀림없습니다.**
- 내 눈을 피하는 것으로 보아 뭔가를 숨기고 있는 **것임에 틀림없어.**
- 그는 예술을 위해 태어난 **사람임에 틀림없다.**

🔍 좀 더 구어적인 표현으로 'A-(으)ㄴ 게 틀림없다, V-는 게 틀림없다'를 사용한다.

- 입술이 파란 걸로 보아 어디가 **아픈 게 틀림없다.**
- 내 전화를 안 받는 걸 보니 지금 **자고 있는 게 틀림없다.**
- 이분은 전생에 나라를 **구한 게 틀림없습니다.**

팬덤 | 한몫하다 | 전생

1 다음을 근거로 확신할 수 있는 내용을 이야기해 보십시오.

근거	확신
보기　발자국이 똑같다	저 사람이 범인이다
(1)　10분 만에 어려운 문제를 다 풀다	우리 형은 천재이다
(2)	기후가 빠르게 변화하고 있다
(3)　한 달 동안 연락이 안 되다	

보기　경찰　발자국이 똑같은 걸 보니 저 사람이 **범인임에 틀림없어요.**

(1) _____

(2) _____

(3) _____

2 다음은 어떤 상황일까요? 추측해서 여러분의 생각을 써 보십시오.

보기

두 사람의 얼굴이 비슷한 걸로 보아 **남매임에 틀림없다.**

(1)

(2)

읽기 어휘

1 탈과 장식

탈	금박	장식	각양각색

(1) (   ) (2) (   ) (3) (   ) (4) (   )

2 탈에 숨겨진 의미

감추다	대칭되다	다가가다	물리치다	삐뚤어지다
성대하다	사냥하다	억누르다	신성시하다	우스꽝스럽다

(1) '데칼코마니'란 양쪽의 그림이 (   ) 그림을 말한다.

(2) 누구에게나 (   ) 싶은 비밀이 하나씩은 있을 것이다.

(3) 두 배우는 호텔에서 500여 명의 축하를 받으며 (   ) 결혼식을 올렸다.

(4) 벽에 액자를 달았는데 달고 나서 보니 조금 (   ) 단 것 같아서 주말에 다시 달려고 한다.

(5) 피에로는 하얀 얼굴에 빨간 입술과 빨간 코로 분장을 하고 나타나 (   ) 연기를 하면서 관객들을 웃기는데 정작 피에로는 웃지 않는다.

3 탈의 유래

경계를 늦추다 고단함을 달래다 눈길을 끌다 시대상을 반영하다 의식을 치르다	옛날 사람들은 동물을 잡으러 갈 때 동물의 (1) ( ) 위해 탈을 쓰곤 했다. 또한 많은 사람들이 모여서 나쁜 질병이 사라지기를 하늘에 비는 (2) ( ) 데에도 탈은 이용되었다고 한다. 전시되어 있던 많은 탈들 중에서 하회탈이 인상적이었다. 남성에 비해 상대적으로 여성이 말할 자유가 부족했던 (3) ( ) 남성의 탈은 턱을 움직일 수 있도록 해 놓은 반면에 여성의 탈은 턱을 움직일 수 없는 구조로 만들어 놓은 것이 사람들의 (4) ( ). 옛날 사람들은 탈놀이나 탈 축제를 통해 평소에 쌓인 불만과 삶의 (5) ( ) 듯하다.

읽기 1

🔖 다음 안내문을 보고 알 수 있는 사실을 말해 보십시오.

제1회 세계 탈 문화 축제
세계 여러 나라의 탈을 접해 볼 수 있는 세계 탈 축제!

기간 : 7월 1일 ~ 10월 31일까지
장소 : 월드아트홀
내용 : 공예품 관람 및 탈 제작 체험
특별 행사 : 〈하회 별신굿 탈놀이〉

(행사와 관련된 자세한 내용은 공식 누리집에서 확인)

후원 : 하회세계탈박물관, 한국문화재재단

읽기 2

🔖 다음은 한 유학생이 '세계 탈 문화 축제'를 체험한 후 쓴 글입니다. 다음을 읽고 질문에 대답해 보십시오.

'세계 탈 문화 축제'를 다녀와서

(가) 지난주에 '세계 탈 문화 축제'에 다녀왔다. 그곳에는 각양각색의 탈들이 전시되어 있었다. 탈은 세계 여러 나라를 막론하고 존재하는데 눈, 코, 입이 달려 있다는 것만 같을 뿐 각기 다른 색깔, 다른 모양을 가지고 있다. 그곳은 고대부터 현대에 이르기까지 탈에 담긴 여러 의미와 문화 및 역사를 세계 여러 나라의 탈을 통해 알 수 있는 곳이었다.

▶ 내용 확인

1. 소재
　(가) '세계 탈 문화
　　　 축제' 소개

　(나) '탈'의 기능과 어원

(나) 원시 시대에 탈은 동물을 사냥하기 위한 변장용으로 처음 사용되었다고 한다. 인간의 얼굴보다는 동물의 얼굴로 다가가면 동물의 경계를 좀 늦출 수 있지 않을까 하는 마음에서 시작되었을 것이다. 또한 동물을 신성시하는 곳에서는 동물의 힘을 빌려오길 바라는 주술적인 목적으로 사용되기도 했다. 이후에는 인간에게 생기는 여러 질병과 고난 등을 막기 위한 용

도로도 사용되었다. 한국에서 '탈'이라는 말은 가짜 얼굴이라는 의미의 '가면' 외에 '배탈이 났다.', '그 사람은 입이 가벼운 게 탈이다.'라는 말에도 쓰이는데 여기에서의 '탈'은 몸에 생긴 질병을 비롯해 사고, 결함 등을 의미한다. 이런 나쁜 ① '탈'들을 물리치기 위해 ② '탈'을 쓰고 한바탕 춤을 추거나 의식을 치렀을 것이라 추측하는 설도 있다.

(다) 전시장에 여러 나라의 탈들이 전시되어 있었는데 그중에서도 한국 안동에서 만든 하회탈이 눈길을 끌었다. 얼굴 표정이 다양하고 풍부한 것이 특징이었다. 좌우가 대칭되지 않고 주름의 개수도 양쪽이 서로 달랐다. 입이 삐뚤어진 탈도 있었다. 그래서 오른쪽에서 보면 웃고 있는 얼굴이지만 왼쪽에서 보면 무서워 보이는 얼굴이었다. 남자 탈들은 얼굴과 턱이 분리되어 있는 반면에 여자 탈들은 입이 막혀 있는 것도 인상적이었다. 남자들은 할 말을 다 하고 살았지만 여자들은 말할 수 없었던 시대상을 반영한 듯했다.

(라) 또한 '하회 별신굿 탈놀이'에 나오는 '이매'라고 하는 탈이 눈에 띄었는데 이매탈은 양반탈과 비슷하면서도 다른 점이 있었다. 두 탈은 모두 둥근 곡선의 눈을 가진 웃는 상의 탈인 데 이매탈은 아래턱이 없었다. 축제 도슨트의 설명에 따르면 '이매'라는 인물의 성격이 바보스럽고 턱이 없기 때문에 오히려 자유롭게 할 말을 하는 인물이라고 했다. 사회적 지위 고하를 막론하고 모두를 놀릴뿐더러 하고 싶은 말을 마음껏 하는 캐릭터라는 것이다. 우스운 말을 하는데 그 말에 뼈가 있는 것으로 보아 단순히 우습기만 한 인물은 아님에 틀림없었다. 그렇게 우스꽝스러우면서도 날카로운 비판과 풍자를 통해 서민들이 그동안 억눌러 왔던 불만을 해소했을 것이다.

(마) 다음으로 눈에 띄는 것은 베네치아의 탈이었는데 다양한 깃털과 금박으로 장식을 한 만큼 그 화려함이 이루 말할 수 없었다. 이탈리아 베네치아에서는 지금 까지도 해마다 2월이 되면 성대한 가면 축제가 열린다  고 한다. 서민들이 가면을 쓰고 귀족 놀이를 하며 삶의 고단함을 달랬는데 이러한 문화가 귀족에게까지 퍼져 누구나 함께 즐기는 축제가 되었다고 한다. 축제 기간 동안 사람들은 계급과 빈부의 차이를 잊고 남녀노소를 불문하고 모두 축제를 즐겼을 것이다.

각기 | 고대 | 원시 | 변장용 | 주술적 | 결함 | 한바탕 | 놀리다 | 말에 뼈가 있다 | 풍자 | 귀족 | 계급 | 빈부

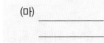

1 다음 질문을 읽고 대답해 보십시오.

(1) 과거에 탈은 어떤 목적을 가지고 있었습니까?

(2) 한국의 '탈'에는 어떤 의미가 있습니까?

① _____

② _____

(3) 하회탈의 특징은 무엇입니까?

2 이 글의 마지막에 다음과 같은 글이 온다면 빈칸에 어떤 말이 적절할지 써 보십시오.

> '하회 별신굿 탈놀이'와 '베네치아 가면 축제'의 탈은 서로 다른 개성을 지녔다. 생김새도 다르거니와 분위기도 매우 다르다. 하지만 (   ) 위해 만들어졌다는 점은 서로 비슷해 보인다.

3 여러분 나라의 대표적인 탈은 무엇이 있습니까? 다음의 표현을 사용하여 이야기해 보십시오.

N이/가 이루 말할 수 없다

화려하다   단순하다   정교하다   물리치다   달래다

쓰고 말하기

○ 여러분 나라에도 탈을 쓰고 하는 축제가 있습니까? 여러분 나라의 탈 축제에 대해 소개해 보십시오.

이름	
시기	
특징	

_____

_____

_____

_____

어휘 늘리기

'옷'을 소재로 한 관용 표현은
무엇이 있을까요?

옷을 벗다

옷걸이가 좋다

소매를 걷어붙이다

주머니가 두둑하다

첫 단추를 잘못 끼우다

● 이야기해 봅시다.

· 최근에 부정적인 일로 인해 높은 자리에서 내려오게 된 사람이 있습니까?

· 누군가를 돕거나 잘못된 일을 바로잡기 위해 노력한 경험이 있습니까?

· 처음에 한 실수나 잘못으로 인해 나중에 크게 고생한 적이 있습니까?

속담

· **옷이 날개다**
입은 옷이 좋으면 사람이 나아 보인다는 말

· **옷깃만 스쳐도 인연이다**
스쳐 지나가는 사람도 나와 연결되어 있는 소중한 사람으로 여겨야 한다는 말

문법과 표현
- 다른 사람이 입은 걸 **보고 나서야** 제가 잘못 입었다는 것을 알았어요.
- 제가 대상을 수상하다니, **자랑스럽기 이를 데 없습니다.**
- 정성을 들여 만든 **만큼** 많은 분들이 사랑해 주시리라 믿습니다.
- 그는 예술을 위해 태어난 **사람임에 틀림없다.**

◉ 주어진 단어를 활용하여 빈칸에 다양한 말을 넣어 보십시오.

우아하다

한복을 입고 나타난 그녀의 자태는 아름답고 (   )

(1) 빈칸에는 어떤 표현들을 사용해 볼 수 있을까요?

　[보기]　매우 우아했다 …
_____

(2) 위의 표현 중에 가장 적절하다고 생각되는 표현은 무엇입니까? 자신이 그 표현을 선택한 이유를
이야기해 보십시오.

실전 연습

※ [1-2] (   )에 들어갈 말로 가장 알맞은 것을 고르십시오.

1.　(   )

빈센트 반 고흐는 세상을 (   ) 예술적 가치를 인정받게 되었다.

① 떠날뿐더러　　　　　　　　② 떠나다시피

③ 떠나기는커녕　　　　　　　④ 떠나고 나서야

2.　(   )

아무도 내 말을 믿어 주지 않으니 (   ).

① 억울할까 싶다　　　　　　　② 억울하기 마련이다

③ 억울할 리가 없었다　　　　　④ 억울하기 이를 데 없었다

● 밑줄 친 부분과 바꿔 쓸 수 있는 표현들을 적어 보십시오.

> 전 세계적으로 한류 문화가 확산되고 있는 만큼
> 한국의 전통 문화에 대한 외국인들의 관심도 꾸준히 늘어날 것으로 기대된다.

(1) 밑줄 친 표현은 어떤 표현으로 바꿔 볼 수 있을까요?

   보기 확산되고 있으니까 …   _____

(2) 자신이 적은 표현과 제시된 표현 사이에는 어떤 차이가 있습니까? 두 표현을 비교해서 설명해 보십시오.

실전 연습

※ [3-4] 밑줄 친 부분과 의미가 가장 비슷한 것을 고르십시오.

3. (   )

   연락이 안 되는 걸로 보아 뭔가 문제가 <u>생겼음에 틀림없다</u>.

   ① 생긴 듯하다   ② 생긴 게 분명하다
   ③ 생긴 모양이다   ④ 생긴 게 아닐까 싶다

4. (   )

   피해 상황이 <u>심각한 만큼</u> 해결책을 빠르게 찾기 어려울 것이다.

   ① 심각하다면   ② 심각할수록
   ③ 심각한 탓에   ④ 심각하거니와

비교해 봅시다

'-기 그지없다' vs '-기 이를 데 없다' vs '~이/가 이루 말할 수 없다'
'-기 그지없다'와 '-기 이를 데 없다'는 최고의 상태에 이른다는 의미의 말로서 그 상태나 정도의 대단함을 강조한다. '-기가 이루 말할 수 없다'도 그 상태나 정도의 대단함을 강조하는데 말로 다 표현하지 못할 정도로 대단하다는 의미를 지닌다.

- 열차 사고로 인해 많은 부상자들이 발생했다는 소식이 **안타깝기 그지없었다.**
- 태풍 피해로 많은 수재민들이 체육관에서 생활하고 있다니 **안타깝기 이를 데 없다.**
- 하루아침에 전 재산을 잃게 된 피해자들의 **고통은 이루 말할 수 없다.**

읽기

1 다음 안내문을 읽고 글의 내용과 같은 것을 고르십시오. (   )

제5회 안동 국제 탈춤 축제

기간 : 9월 1일 ～ 9월 10일

장소 : 탈춤 공원

요금 : 유료

주요 공연 : 봉산탈춤 – 월, 수, 금 (14:00, 16:00)

　　　　　　 북청사자놀음 – 화, 목 (14:00, 16:00)

　　　　　　 하회 별신굿 탈놀이 – 매일 (15:00, 17:00)

※ 우천 시 공연은 취소될 수 있습니다.

※ 한복을 입고 오시면 기념품으로 부채를 드립니다.

※ 그 외 공연과 관련된 자세한 내용은 공식 누리집에서 확인하시기 바랍니다.

① 축제는 열흘 동안 이어진다.

② 평일 오전에 공연을 볼 수 있다.

③ 비가 오는 날에도 공연은 진행된다.

④ 한복을 입은 사람은 무료로 관람할 수 있다.

2 다음을 읽고 글의 내용과 같은 것을 고르십시오. (   )

　　요즘 사람들이 마스크를 쓰는 이유는 다양하다. 그중에서도 가장 큰 이유는 전염병의 확산에 대한 공포 때문이다. 기침, 재채기로 바이러스가 공기 중에 퍼질 수 있기 때문에 바이러스 확산 방지를 위해 쓰는 것이다. 그뿐만 아니라 마스크를 쓰면 미세 먼지나 알레르기 물질로부터 호흡기를 보호하거니와 알레르기 반응도 줄일 수 있다. 겨울철에는 마스크를 쓰면 습도와 온도가 어느 정도 유지되어 감기 예방에도 도움이 된다. 그런데 덥고 습한 날에도 일부 사람들은 계속 마스크를 쓰고 다닌다. 누군가가 자신의 얼굴을 보는 걸 불편하게 여기는 사람들은 마스크로 얼굴을 가리면 좀 더 편하게 활동할 수 있기 때문이다.

① 사람들은 전염병이 퍼지는 것을 무서워한다.

② 마스크 착용 시 약간의 불편함을 느낄 수 있다.

③ 마스크는 습도 유지 기능은 있지만 온도 조절은 어려운 편이다.

④ 더운 여름에 마스크를 쓰면 주목 받기 때문에 편하게 활동하기가 어렵다.

[3-4] 다음을 읽고 물음에 답하십시오.

안동 하회탈은 얼굴 표정이 다양하고 풍부한 것이 특징이다. 좌우가 대칭되지 않고 주름의 개수도 양쪽이 서로 다르다. 입이 삐뚤어진 탈도 있는데 오른쪽에서 보면 웃고 있는 얼굴이지만 왼쪽에서 보면 무서워 보이는 얼굴이다. 남자들은 할 말을 다 하고 살았지만 여자들은 말할 수 없었던 시대상을 반영하여 남자 탈들은 얼굴과 턱이 분리되어 있는 반면에 여자 탈들은 입이 막혀 있는 것도 인상적이다. 이매탈과 양반탈은 둘 다 둥근 곡선의 눈을 가진 웃는 상의 탈인데 이매탈은 아래턱이 없다는 점이 다르다. 턱이 없는 탈을 사람이 써서 사람의 턱으로 탈의 전체 모양을 완성시킨다는 점에서 (   ) 탈이라고 할 수 있다. '이매'라는 인물은 성격이 바보스럽고 턱이 없기 때문에 오히려 자유롭게 할 말을 하는 인물이기도 하다. 이매는 양반이고 중이고 할 것 없이 모두를 놀릴뿐더러 하고 싶은 말을 마음껏 하는 캐릭터로, 우스운 말을 하는데 그 말에 뼈가 있다. 뼈 있는 비판과 풍자를 통해 서민들의 불만을 해소했으리라는 것을 추측할 수 있다.

③ (   )에 들어갈 말로 가장 알맞은 것을 고르십시오. (   )

① 자유로운 행동이 불가능한
② 미완성의 완성을 추구하는
③ 누가 탈을 착용했는지 알 수 있는
④ 그 시대의 분위기를 느낄 수 있는

④ 윗글의 내용과 같은 것을 고르십시오. (   )

① 입이 삐뚤어진 탈은 양쪽 얼굴의 표정이 다르다.
② 남자 탈과 여자 탈은 입 모양이 다르지만 웃는 얼굴이라는 점은 같다.
③ 이매는 신분이 높은 사람들에게는 예의를 갖춰서 말을 하는 캐릭터이다.
④ 이매의 우스꽝스러운 말에 불만을 품은 서민들이 많았을 거라고 추측한다.

더 읽어 보기

· **이매탈의 턱이 없는 이유는 무엇일까요?**

옛날 옛적 허씨 마을에 허 도령이 살았다. 어느 날 꿈에 신령이 나타나 사람들이 보지 않는 곳에서 12개의 탈을 만들어 그것을 쓰고 굿을 하면 재앙이 물러날 것이라고 했다. 탈 만들기에 열중한 허 도령은 11개의 탈을 모두 만들고 한 개의 탈만 남겨둔 상태였다. 그 탈도 거의 다 만들고 탈의 턱만 완성하면 되는 그때, 허 도령을 좋아하던 김씨 처녀가 허 도령을 그리워하다가 방문 사이로 허 도령을 몰래 보게 되었다. 그 순간 허 도령은 피를 토하고 죽고 말았고 그렇게 미완성의 탈로 남은 게 이매탈이라고 한다.

듣기

1 다음을 듣고 가장 알맞은 그림을 고르십시오. (   )

Track 27

①

②

③

④

2 다음을 듣고 남자의 태도로 가장 알맞은 것을 고르십시오. (   )

Track 28

① 한복의 미에 대해 설명하고 있다.

② 한복의 역사에 대해 질문하고 있다.

③ 한복의 제작 과정을 알려주고 있다.

④ 한복의 디자인에 대해 제안하고 있다.

[3-4] 다음을 듣고 물음에 답하십시오.

Track 29

3 여자의 중심 생각으로 가장 알맞은 것을 고르십시오. (   )

① 양반만 사모관대 차림을 하는 것은 아깝다.

② 신분이 높은 사람들의 옷을 입으면 평소보다 멋있어 보인다.

③ 조선 시대 예복을 만드는 데에는 많은 노력이 필요했을 것이다.

④ 혼례를 올릴 때 예복을 빌려 입을 수 있었더라면 좋았을 듯하다.

4 들은 내용과 같은 것을 고르십시오. (   )

① 관리들만 관복을 입을 수 있다.

② 신랑은 붉은색 비단 모자를 쓴다.

③ 활옷은 왕의 아들이 입었던 예복이다.

④ 조선 시대에 혼례복을 빌려주는 가게가 있었다.

말하기

● 두 사람이 생활 한복에 대해 이야기하고 있습니다. 여자의 마지막 말을 듣고 남자가 할 말로 반대 의견을 말하십시오.

Track 30

: 맞아요. 그런 면이 있지요. 하지만 …

쓰기

● 다음은 '한복 착용에 대한 한국인의 인식'을 조사한 자료입니다. 이 내용을 200–300자의 글로 쓰십시오. 단, 글의 제목은 쓰지 마십시오.

한복을 자주 입는가

- (1) 65.2%
- (2) 21.7%
- (3) 8.7%
- (4) 4.3%

(1) 아예 입지 않는다
(2) 거의 입지 않는다
(3) 보통이다
(4) 대체로 입는다

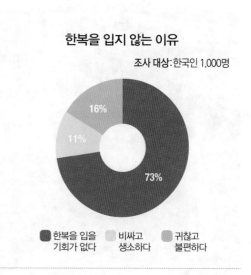

한복을 입지 않는 이유

조사 대상 : 한국인 1,000명

- 73%
- 16%
- 11%

■ 한복을 입을 기회가 없다
비싸고 생소하다
귀찮고 불편하다

· 한복에 대한 인식 : 특별한 날에만 입는 옷이라는 인식

· 인식 개선 방안 : 일상에서도 한복을 착용하는 분위기 조성

CHAPTER

6

한국의 교육

6-1 한국인의 교육열

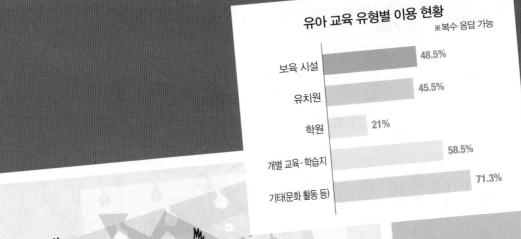

유아 교육 유형별 이용 현황
※복수 응답 가능

보육 시설	48.5%
유치원	45.5%
학원	21%
개별 교육·학습지	58.5%
기타(문화 활동 등)	71.3%

- 여러분은 어린 시절에 어떤 학원에 다녀 봤습니까?
- 영유아들에게 조기 교육을 하는 것에 대해서 어떻게 생각합니까?

문법 1

A-(으)ㄴ 면이 있다, V-는 면이 있다

영유아를 대상으로 하는 조기 교육에 대해서 어떻게 생각하십니까?

조기 교육이 아이의 재능을 키워 준다고 하지만 부정적인 면도 있습니다.

❗ 대상이 가지고 있는 특징이나 성격의 일부를 설명한다. 사람과 사물, 문화적인 부분 등을 대상으로 두루 사용된다.

조기 교육은 아이의 재능을 키워 준다고 하지만 | 부정적인 면도 있다.

↓

대상을 대표하는 특징은 아니지만 일부를 차지하는 성격

- 우리 이모는 자녀 교육에 지나치게 신경을 **쓰는 면이 있다**.
- 아버지는 평소에는 자상하시지만 화가 나셨을 때는 **불같은 면이 있다**.
- 이 과목은 졸업하기 전에 꼭 들어야 하지만 1학년 학생이 듣기에는 **어려운 면이 있다**.
- 많은 사람에게 비판을 받는 정책이지만 일부 사람들에게 도움이 **되는 면이 있다**.
- 그 영화는 코미디 영화지만 **교육적인 면도 있어서** 학교의 단체 관람이 많다.

영유아 | 이모 | 자녀 | 자상하다 | 불같다

연습

1 다음의 대상은 어떤 성격들을 가지고 있을까요?

보기	첸	간단한 일은 혼자서 잘 해결하다	자기주장이 강하다
(1)	우리 엄마	개방적인 편이다	이성 문제에 대해서는 보수적이다
(2)	남자 친구	센스가 있어서 좋다	조금 과하다
(3)	태블릿 PC	편리하다	수업에 방해가 되다

> 보기 가 이번에 우리 부서에 새로 들어온 첸 씨는 일을 잘하는 것 같아요.
>
> 나 간단한 일은 혼자서 잘 해결하는데 자기주장이 <u>강한 면이 있더라고요.</u>

(1) 가 너희 어머니는 어떤 분이셔?

　　나 _____

(2) 가 와, 남자 친구가 생일에 회사에 300송이 꽃다발을 보냈어? 남자 친구가 센스가 있네.

　　나 _____

(3) 가 요즘은 학교 수업 시간에도 태블릿 PC를 사용한다면서요? 참 편리해졌네요.

　　나 _____

2 다음의 대상이 가지고 있는 속성에는 어떤 것이 있습니까?

보기  역사 : 많은 사람들이 역사는 복잡하고 어렵다고 말하지만 관심을 가지고 본다면 역사 속 이야기에는 **흥미로운 면이 많다.**

(1)  K-콘텐츠

(2)  우리 나라 사람

자기주장 | 개방적 | 이성 | 보수적 | 부서 | 센스

문법 2

A-(으)ㄴ 법이다, V-는 법이다

아이가 요즘 놀이터에 나가서 매일 놀더니 체력뿐만 아니라 말솜씨가 부쩍 늘었어요.

친구들과 놀면서 체력도 좋아지고 말도 늘었나 보네요.
아이들은 놀면서 크는 법이니까요.

기술하는 내용이 너무나도 당연한 일임을 나타낸다. 세상의 이치를 강하게 전달하거나 상대방에게 그것을 알려 주고자 할 때 많이 사용한다.

아이들은 놀면서 **크는 법이다.**

↓

당연한 일, 상식적인 일

- 겨울이 가면 봄이 **오는 법이다.**
- 잘못을 했으면 벌을 **받아야 하는 법이다.**
- 노력하는 사람이 **성공하는 법이라는데** 요즘은 꼭 그렇지도 않은 것 같아.
- 로마에 가면 로마의 법을 **따라야 하는 법이니까** 여기의 규칙을 지켜 주세요.
- 모든 일에는 다 때가 **있는 법이니까** 조급해하지 말고 때를 기다리세요.
- 어떤 일이든 쉬워지기 전에는 **어려운 법이라고** 하니까 하다 보면 익숙해질 것이다.

속담과 자주 사용된다.

- 원숭이도 나무에서 **떨어지는 법이다.**
- 윗물이 맑아야 아랫물도 **맑은 법이다.**

1 사람들이 생각하는 당연한 일들에는 어떤 것들이 있을까요? 보기 에서 알맞은 표현을 골라 문장을
완성하십시오.

> 보기
>
> 자식은 부모를 닮는다. 기대가 크면 실망도 크다.
>
> 사공이 많으면 배가 산으로 간다. 산에 가야 꿩을 잡고 바다에 가야 고기를 잡는다.

가 우리 애는 왜 이렇게 소심할까요?

나 <u>자식은 부모를 닮는 법이죠</u>. 당신도 옆에서 지켜보면 소심한 면이 많아요.

(1) 가 첸이 오늘 생일인데 평소보다 기분이 더 안 좋은 것 같아.

　　나 _____. 생일이라고 뭔가
　　특별한 걸 기대해서 그런 게 아닐까?

(2) 가 나도 여자 친구 생기면 좋겠다.

　　나 _____. 그런데 넌 밖에
　　나가지도 않고 집에서 게임만 하잖아.

(3) 가 입시 제도 개선을 위해서 각계의 전문가들이 모여서 회의했다고 하더니 현실성 없는 엉뚱한
　　대안만 제시했네요.

　　나 _____. 각자 전문가라고
　　떠들면서 자신의 입장만 주장하니 일이 제대로 되기 어려운 것 같아요.

2 다음 일들에 관해 여러분이 생각하는 인생의 법칙은 무엇입니까?

> 보기
>
> 사랑 : 눈에서 멀어지면 마음에서도 **멀어지는 법이다.**

(1) 인간관계

(2) 성공과 실패

사공이 많으면 배가 산으로 간다 | 산에 가야 꿩을 잡고 바다에 가야 고기를 잡는다 | 소심하다 | 입시 | 각계 | 현실성 | 엉뚱하다

듣기 어휘

1 학습과 능력

학습	습득	교육	개념	오감	인성

(1) (   ) : 사람으로서 가져야 할 성질

(2) (   ) : 지식과 기술 등을 가르치는 것

(3) (   ) : 교육 등을 통해 지식을 배우는 것

(4) (   ) : 기술이나 지식 등을 자연스럽게 알게 되는 것

(5) (   ) : 시각, 청각, 후각, 미각, 촉각의 다섯 가지 감각

(6) (   ) : 어떤 사물이나 현상에 대한 일반적 지식이나 의미

2 교육과 효과

엄격하다	훈계하다	적절하다	과도하다
자극하다	저하시키다	향상시키다	극대화되다

(1) 한국어 실력을 (   ) 위해 한국으로 유학을 떠나기로 했다.

(2) 우리 부모님은 (   ) 정해진 규칙을 지키지 않으면 무섭게 혼내셨다.

(3) 그 아이는 선생님이 여러 번 (   ) 말을 듣지 않고 자기 마음대로 행동했다.

(4) 단어를 공부할 때 관련 이미지나 영상을 보면서 공부하면 학습의 효과가 (   ).

(5) 나는 주변 사람들이 입맛이 없다고 할 때 떡볶이를 추천하는데 그 이유는 매운 음식이 식욕을
   (   ) 입맛을 살려 주기 때문이다.

3 맹모삼천지교

공동묘지	맹자는 어렸을 때 (1) ( ) 밑에서 자랐다. 처음에 이들은

공동묘지

무덤

일컫다

홀어머니

흉내내다

맹자는 어렸을 때 (1) (   ) 밑에서 자랐다. 처음에 이들은
(2) (   ) 근처에서 살았는데 어린 맹자는 그곳에서 (3) (   )
을/를 만들고 우는 소리를 (4) (   ). 이 모습을 본 맹자의 어머니는
그곳이 아이를 키우기에 적당한 곳이 아니라고 생각하고 이사를 하였다. 맹
자의 어머니는 이후에도 맹자의 교육을 위해 총 세 번을 이사하였는데 이를
(5) (   ) '맹모삼천지교'라고 말한다.

듣기 1

● 여러분 나라에서 '훌륭한 부모'라고 했을 때 떠올리는 대표적인 사람은 누구입니까? 다음을 듣고 질문에 답해 보십시오.

Track 31

1 '맹모삼천지교'의 의미는 무엇입니까?

2 한석봉의 어머니가 아들을 반가워하지 않은 이유는 무엇입니까?

3 이 두 일화가 현대의 한국 부모들의 교육관에 끼치는 영향은 무엇이라고 생각합니까?

듣기 2

● 여러분은 영유아를 대상으로 하는 조기 교육에 대해서 어떻게 생각하고 있습니까?

Track 32

사상가 | 명필 | 상여꾼 | 인재 | 끝마치다

1 다음 빈칸에 남자와 여자의 발언을 메모하면서 들으십시오.

	여자	남자
조기 교육에 대한 주장	조기 교육에 (찬성 / 반대)한다.	조기 교육에 (찬성 / 반대)한다.
주장의 근거	어린 시절에 해야 _____	과도한 조기 교육은 _____

2 여자는 사람들이 조기 교육에 대해 어떤 오해를 가지고 있다고 생각합니까?

3 남자는 현재 이루어지는 조기 교육의 문제점으로 무엇을 지적하고 있습니까?

○ 여러분은 조기 교육에 대해서 어떤 입장을 가지고 있습니까? '조기 교육'에 대한 찬반 입장을 정하고 다음의 방식으로 토론을 진행해 보십시오.

최근 영유아(0세~만6세)를 대상으로 하는 외국어 조기 교육이 영유아의 소아 우울증을 유발하거나 모국어 습득을 저해해서 심한 경우 언어 장애까지 생길 수 있다는 연구 결과가 나왔다. 그러나 외국어 학습은 영유아 때부터 시작해야 큰 효과를 얻을 수 있다는 의견이 여전히 많은 학부모의 지지를 얻고 있다.

· 위의 내용을 읽고 다음의 순서로 조기 교육에 대한 찬반 토론을 진행해 보십시오.

입장 밝히기	→	질의응답과 반박하기	→	마무리하기
한 명씩 돌아가면서 주제에 대한 찬성 또는 반대 입장을 밝히십시오.		서로에게 질문하고 대답하는 방식으로 상대방 주장의 문제점을 지적하고 각자의 주장을 이야기하십시오.		한 명씩 돌아가면서 지금까지의 주장을 정리하여 마무리하십시오.

대뇌 | 인지 | 고르다 | 비인지적 | 열띠다 | 질의응답 | 유발하다 | 지지

6-2 교육 제도의 변화

• 여러분의 나라에서는 대학교에 진학하려면 어떤 과정을 거쳐야 합니까?

• 여러분 나라에는 과거에 어떤 교육 기관과 교육 제도가 있었습니까?

문법 1

> 오늘은 수능 시험일이죠.
> 수능 시험장에 나가 있는 김동휘 기자를 연결해 현장의 분위기를 알아보도록 하겠습니다.

> 네, 가족과 후배들의 응원이 이어지는 가운데 수험생들이 속속 시험 교실로 입장하고 있습니다.

❗ 어떤 상황에서 뒤의 일이 발생할 때 사용한다. 공적이고 격식적인 발화에서 앞의 행위나 상황이 지속되고 있다는 것에 초점을 두고 말할 때 주로 사용한다.

응원이 **이어지는 가운데**	수험생들이 교실로 입장하고 있다.
↓	↓
이미 지속되고 있는 상황	그 상황에서 발생한 일

- 가까운 친지들만 **모인 가운데** 두 사람은 반지를 주고받았다.
- 온라인 결제 방식이 **일반화된 가운데** 관련 범죄도 증가하고 있다.
- 취업에서 면접의 비중이 **높아지고 있는 가운데** 면접 방식도 매우 다양해지고 있다.
- 외국어 조기 교육 열풍이 **뜨거운 가운데** 영어 유치원들이 급증하고 있다.

🔍 표현의 뒤에 '(에)도'나 '(에)서도'를 붙여 'A-(으)ㄴ 데도, V-는데도'의 의미처럼 쓸 수 있다.

- 생활이 **어려운 가운데에도** 그 사람은 희망을 잃지 않았다.
- 비가 강하게 **내리는 가운데서도** 경기는 계속되었다.

수능 | 시험장 | 친지 | 열풍 | 급증하다

1 기자가 되어 다음의 상황을 묘사해 보십시오.

	이미 지속되고 있는 상황	그 상황에서 발생한 일
보기	관중들이 응원가를 부르다	각 팀의 선수들이 경기장에 입장하다
(1)	청년들의 취업난이 지속되다	명문대 입학을 위한 입시 경쟁도 더욱 뜨거워지고 있다
(2)	국내외 기자들과 일반 시민 만여 명이 참석하다	지금 막 대통령의 연설이 시작되다
(3)	광화문 앞 도로가 차량들로 혼잡하다	시민 단체들이 시위를 벌이고 있다

> 보기 기자 여기는 이번 시즌 플레이오프 경기가 열리는 고척 스카이돔입니다.
> 지금 관중들이 응원가를 **부르는 가운데** 각 팀의 선수들이 경기장에 입장하고 있습니다.

(1) 기자 최근 20대 취업률이 역대 최저를 기록하고 있습니다.

　　이렇게 _____

(2) 기자 안녕하십니까. 여기는 대통령의 신년 연설이 진행되는 곳입니다.

_____

(3) 기자 이곳은 퇴근 시간 광화문 광장입니다.

_____

2 사회 각 분야가 어떻게 변화하고 있습니까? 다음의 문장을 완성해 보십시오.

보기  (1)  (2)

> 보기 교육 : 대다수의 수험생들이 서울에 있는 대학에 입학을 희망하고 **있는 가운데** 문을 닫는 지방 대학들이 늘고 있다.

(1) 패션

(2) 복지

관중 │ 취업난 │ 명문대 │ 연설 │ 차량 │ 혼잡하다 │ 시위 │ 벌이다 │ 역대

문법 2

V-(으)ㅁ으로써

어떻게 하면 학교 폭력 문제를 해결할 수 있겠습니까?

각 학교에서 인성 교육을 강화함으로써 늘어나는 학교 폭력 문제를 해결할 수 있을 것입니다.

> 앞의 행위를 통해 뒤의 결과가 생기게 되는 경우에 쓰는 표현으로, 공식적인 발화 또는 문서에서 어떤 행위가 그로 인한 결과의 수단이나 방법이 된다는 것을 강조해서 말할 때 사용한다.

인성 교육을 **강화함으로써**

↓

수단, 방법

학교 폭력 문제를 해결할 수 있을 것이다.

↓

결과

- 서로 조금씩 **양보함으로써** 이 위기를 극복해 나갑시다.
- 통신 기술이 **발달함으로써** 학교 수업을 듣는 방식도 매우 다양해졌다.
- 문제 행동을 하는 아이들이 반려동물을 **키움으로써** 정서적 안정을 얻을 수 있습니다.
- 조선 시대의 평민들은 과거 시험에 **합격함으로써** 신분 상승의 기회를 얻을 수 있었다.
- 제시간에 **도착하지 못함으로써** 면접 기회를 놓치고 말았다.
- 인솔자의 안내를 **따르지 않음으로써** 발생하는 문제는 책임지지 않습니다.

폭력 | 위기 | 정서적 | 평민 | 제시간 | 인솔자

1 기자의 질문에 적절한 해결 방법을 제안하고 예상되는 결과를 이야기해 보십시오.

수단·방법	예상되는 결과
보기 학원 운영 시간을 제한하다	사교육비 지출을 줄이다
(1) 동아리에 가입해서 선배들을 사귀다	학교생활을 시작하는 데 도움을 받다
(2) 은행이 대출 금리를 낮추다	자영업자들의 부담을 줄이다
(3) 대학과 중소기업들이 함께 취업 관련 프로그램을 운영하다	중소기업에 대한 구직자들의 관심을 높이다

보기 기자　매년 사교육비 지출 부담이 늘어나고 있는데 어떻게 해결할 수 있겠습니까?

전문가　<u>학원 운영 시간을 **제한함으로써** 사교육비 지출을 줄일 수 있지 않을까 싶습니다.</u>

(1) 기자　신입생들이 어떻게 하면 빠르게 학교생활에 적응할 수 있을까요?

　　전문가 _____

(2) 기자　요즘 많은 자영업자들이 힘들어하는데 어떤 지원 방법이 있습니까?

　　전문가 _____

(3) 기자　중소기업의 인력난을 해소하기 위해서는 어떤 대책이 필요할까요?

　　전문가 _____

2 어떻게 현재와 같은 결과를 얻어낼 수 있었을까요? 다음의 문장을 완성해 보십시오.

보기

다양한 분야의 책

(1)

외국 방송 소개

(2)

팬들과의 소통

보기 어릴 때부터 다양한 분야의 책들을 **읽음으로써** 베스트셀러의 작가가 될 수 있었다.

(1) ＿＿＿＿＿＿＿＿＿＿＿＿＿＿＿＿＿＿＿＿＿＿＿ 한국의 대표 음식으로 자리 잡았다.

(2) K-Pop 스타 ○○○은/는 ＿＿＿＿＿＿＿＿＿＿＿＿＿＿

대출 ｜ 구직자 ｜ 자영업자 ｜ 지원 ｜ 중소기업 ｜ 인력난 ｜ 자리 잡다

읽기 어휘

1 조선 시대의 학교와 시험

과거	문과	무과	서당	향교	학당

(1) (   ) : 일반 행정 관리를 뽑는 시험

(2) (   ) : 군인에 해당되는 관리를 뽑는 시험

(3) (   ) : 옛날에 한국에서 관리를 뽑을 때 실시하던 시험

(4) (   ) : 지방의 중등 교육 기관

(5) (   ) : 서울에 지은 중등 교육 기관

(6) (   ) : 유치원, 초등학교에 해당되는 옛날 초등 교육 기관

2 시험과 부정행위

부정행위	숨기다	베끼다	속하다
시행	선발하다	응시하다	철저하다

(1) 서로의 마음을 (   ) 말고 솔직하게 털어놓아 봐.

(2) 토픽 시험에 (   ) 위해 많은 유학생들이 시험장에 들어가고 있다.

(3) 성적이 뛰어난 학생에게 장학금을 주는 제도가 다음 학기부터 (   )됩니다.

(4) 한 소설가가 다른 사람의 글을 똑같이 (   ) 책을 냈다는 소문이 사실로 밝혀졌다.

(5) 좋은 인재를 (   ) 위해 많은 기업들이 다양한 면접 시스템을 개발하고 있다.

3 과거 제도

계층 고려 나랏일 제약 체계	현재와는 달리 철저한 신분 사회였던 과거에는 자신이 속한 사회적 (1) ( )에 따라 여러 가지 (2) ( )이/가 있었기 때문에 누구나 원하는 교육을 받고 원하는 시험에 응시할 수 있는 것은 아니었다. 그러나 당시 교육의 대상이었던 평민 신분 이상의 남성들은 대부분 (3) ( )을/를 하는 관리가 되기를 꿈꾸었으며 그렇게 되기 위해서는 '과거'라는 시험에 합격해야 했다. '과거'라는 말은 과목에 따라 인재를 선발한다는 뜻으로, (4) ( ) 때 시작되어 조선 시대로 이어지면서 일반 관리를 뽑는 '문과'와 군인을 뽑는 '무과'의 (5) ( )을/를 갖추게 되었다.

읽기 1

📕 다음은 각각 조선 시대와 현대를 배경으로 만든 교육 잡지의 표지입니다. 다음을 보고 각 시대의 교육 제도와 관련하여 여러분이 얻을 수 있는 정보는 어떤 것인지 말해 보십시오.

읽기 2

📕 과거와 현재 한국의 학교와 교육 제도는 어떻게 달랐을까요? 다음을 읽고 질문에 대답해 보십시오.

한국의 교육 제도

(가) 현재 한국의 교육은 크게 유아 교육, 초등 교육, 중등 교육, 고등 교육으로 나뉜다. 유아 교육은 초등학교 들어가기 전 어린이집이나 유치원에서 이루어지는 교육이다. 초등 교육에 해당되는 초등학교는 6년, 중등 교육에 해당되는 중학교와 고등학교는 각각 3년, 고등 교육에 해당되는 대학교는 주로 2년 또는 4년으로 이루어져 있다. 이중 초등 교육을 비롯해 중등 교육의 중학교 3년은 의무 교육이다. 그런데 높은 교육열로 인해 거의 대부분의 학생이 초등학교, 중학교, 고등학교에 진학하는 가운데 수능 시험을 통해 대학에 들어가는 진학률도 매년 평균 67%에 달한다. 또한 대학을 졸업함으로써 좋은 직장에 들어갈 수 있다는 생각에 입시 경쟁이 매우 치열한 편이다.

▶ 내용 확인

1. 소재
   (가) 현재 한국의
   교육 제도

(나) 한편 현재와는 달리 철저한 신분 사회였던 과거에는 자신이 속한 사회적 계층에 따라 여러 가지 제약이 존재했기 때문에 누구나 교육을 받을 수 있는 것은 아니었다. 그러나 당시 교육의 주 대상이었던 평민 신분 이상의 남성들은 대부분 나랏일을 하는 관리가 되길 꿈꾸었으며 그러기 위해서는 '과거'라는 국가 시험에 합격을 해야 했다. '과거'라는 말은 과목에 따라 인재를 선발한다는 뜻으로, 고려 때 시작되어 조선 시대로 이어지면서 일반 관리를 뽑는 '문과'와 군인을 뽑는 '무과'의 체계를 갖추게 되었다.

(다) 조선 시대에 과거 시험을 보기 위해서는 먼저 어린 나이인 7~8세부터 서당을 다녀야 했다. 현재에 비추어 볼 때 초등 교육 기관에 해당되는 서당은 보통 양반 가문에서 만들어 무료로 운영했다. 15~16세쯤 서당을 졸업하고 나면 중등 교육 기관인 향교나 학당으로 진학을 하게 되는데, 보통 양반 자제들에게 입학 자격이 주어졌다. 이후 과거 시험 중 하급 관리를 선발하는 '소과' 시험에 응시해 합격하면 고등 교육 기관인 성균관에 입학할 자격이 주어졌으며, 이 성균관을 졸업해야만 고급 관리를 뽑는 '대과' 시험에 응시할 수 있었다.

(라) 과거 시험은 제도 시행 초기에는 사람들의 관심을 받지 못했지만 시간이 지날수록 시험에 대한 관심이 급격히 높아져 경쟁률이 2000:1까지 올라가기도 했다고 한다. 경쟁이 치열한 만큼 부정행위도 자주 일어났다고 하는데, 커닝 페이퍼를 콧속이나 붓 속에 숨기기도 하고 남의 답을 베끼는 경우도 있었다고 한다. 특히 여러 번 시험에서 떨어져 마음이 조급한 사람들은 다른 사람에게 자신을 대신하여 시험에 응시하게 하는 경우도 있었다고 알려져 있다.

(마) 이렇게 과거 시험이 높은 관심을 받게 된 이유는 천민을 제외한 양반과 평민이 모두 시험에 응시할 수 있는 자격이 주어져서 시험을 통한 신분 상승이 가능했기 때문이다. 하지만 과거 시험을 보기 위해서는 읽어야 하는 책과 외워야 하는 한자의 양이 너무 많고 시험이 극도로 어려워서 평민들이 이 시험에 응시하는 것은 쉽지 않았다. 보통 과거 시험은 5살부터 준비하기 시작하는데 평균적으로 합격자의 연령은 30대 중반이었다. 다시 말해 과거 시험은 30년은 공부해야 합격할 수 있을 정도로 많은 시간과 노력이 필요한 시험이었다.

(나) 과거 시험 소개

(다) _____의 학교와 시험

(라) 과거 시험의 _____

(마) 과거 시험이 _____ 이유

2. 주제
과거와 현재의 교육 제도는 _____ _____ _____

▶ 표현 확인

현재에 **비추어 볼 때** 초등 교육 기관에 해당하는 서당은 보통 양반 가문에서 만들어 무료로 운영했다.

N에 비추어 (보다)
: N에 맞추어 봤을 때, N을/를 기준으로 보면

예 내 경험에 **비추어 볼 때** 이 일은 빨리 끝내기 어려울 것 같다.

의무 | 달하다 | 주 | 가문 | 자제 | 하급 | 성균관 | 급격히 | 붓 | 천민 | 극도 | 중반

1 위의 내용을 읽고 조선 시대와 현대 교육 제도의 특징을 비교해서 설명해 보십시오.

	현대	조선
학습 목적		
학교 종류		

2 다음 질문을 읽고 대답해 보십시오.

(1) '과거'라는 말은 어떤 의미를 가지고 있습니까?

(2) 과거 시험의 경쟁률이 높았던 이유는 무엇입니까?

(3) 과거 시험에 응시하기 위해서는 어떤 준비를 해야 했습니까?

3 다음의 표현을 사용해서 조선 시대 '향교와 학당'에 대해 말해 보십시오.

N은/는 N에 비추어 (볼 때) N에 해당되다

과제

○ 여러분 나라의 학교와 교육 제도는 어떻습니까? 한국의 교육 제도와 비교했을 때 공통점과 차이점은 무엇입니까?

초등/중등/고등	공교육/사교육	의무 교육	교과	목적

_____

_____

_____

_____

어휘 늘리기

'-력(力)'이 쓰이는 말들은 무엇이 있을까요?

정신적 능력

기억력
집중력
주의력
상상력
관찰력
통찰력
판단력

사회적 능력

영향력
설득력
친화력
경쟁력
추진력
매력

신체적 능력

체력
기력
활력
탄력
면역력
지구력
순발력

외부적으로 소유하고 있는 능력

재력
학력
권력
경력

그 외

생활력
잠재력
저력
초능력

● 이야기해 봅시다.

• 여러분은 어떤 능력을 가지고 있습니까?

• 가질 수 있다면 어떤 능력을 가지고 싶습니까?

속담

• **소 귀에 경 읽기**
아무리 가르쳐 줘도 소용없다는 의미

• **서당 개 삼 년이면 풍월을 읊는다**
어떤 분야에 오래 있으면 어느 정도의 지식을 알게 된다는 의미

6-3 TOPIK 유형으로 확인하기

문법과 표현
- 조기 교육은 뇌 발달에 부정적인 영향을 **미치는 면이 있다.**
- 아이들은 놀면서 **크는 법이다.**
- 관중들의 응원이 **이어지는 가운데** 선수들이 경기장에 입장했다.
- 인성 교육을 **강화함으로써** 학교 폭력 문제를 예방할 수 있다.

◎ 주어진 단어를 활용하여 빈칸에 다양한 말을 넣어 보십시오.

> **유행하다**

전국적으로 독감이 (   ) 병원을 찾는 영유아 환자들이 급증하고 있다.

(1) 빈칸에는 어떤 표현들을 사용해 볼 수 있을까요?

> [보기]   유행하면서 …　_____

(2) 위의 표현 중에 가장 적절하다고 생각되는 표현은 무엇입니까? 자신이 그 표현을 선택한 이유를 이야기해 보십시오.

실전 연습

※ [1~2] (   )에 들어갈 말로 가장 알맞은 것을 고르십시오.

1. (   )

   외국인 학습자가 급격히 (   ) 다양한 한국어 교재가 개발되고 있다.

   ① 증가해서는   ② 증가한다던데

   ③ 증가하기는커녕   ④ 증가하는 가운데

2. (   )

   면접관이 가끔씩 농담을 (   ) 수험생들의 긴장을 풀어 주었다.

   ① 던질지라도   ② 던짐으로써

   ③ 던진다기에   ④ 던지거니와

◉ 밑줄 친 부분과 바꿔 쓸 수 있는 표현들을 적어 보십시오.

> 사교육에 대한 부정적 인식이 크지만 공교육의 부족함을 <u>보완해 주는 면도 있다.</u>

(1) 밑줄 친 표현은 어떤 표현으로 바꿔 볼 수 있을까요?

　　보기　보완해 주기도 한다 … _____

(2) 자신이 적은 표현과 제시된 표현 사이에는 어떤 차이가 있습니까? 두 표현을 비교해서 설명해 보십시오.

실전 연습

※ [3-4] 밑줄 친 부분과 의미가 가장 비슷한 것을 고르십시오.

3.　(　　　)

아직 우리 사회는 능력보다 학벌을 <u>중요시하는 면이 있다.</u>

① 중요시할까 싶다　　　　　　　② 중요시함에 틀림없다

③ 중요시하기 십상이다　　　　　④ 중요시하는 경향이 있다

4.　(　　　)

공부하는 것도 다 때가 <u>있는 법이다.</u>

① 있을 뿐이다　　　　　　　　　② 있는 듯하다

③ 있기 마련이다　　　　　　　　④ 있을지도 모른다

비교해 봅시다

'-(으)ㄴ/는 법이다' vs '-기 마련이다'

인간의 오랜 경험을 통해 당연하다고 받아들여지는 것을 표현할 때 '-(으)ㄴ/는 법이다'나 '-기 마련이다'를 모두 쓸 수 있다. 다만, 전체적인 법칙이나 순리를 설명할 때는 '-(으)ㄴ/는 법이다'가 어울리는데 결국 어떤 결과를 맞이하는지를 표현할 때는 '-기 마련이다'를 많이 쓴다.

- 눈에서 멀어지면 마음에서도 **멀어지는 법이다.**
- 눈에서 멀어지면 마음에서도 **멀어지기 마련이다.**

그러나 '-아/어야 하다'와 '-(으)ㄹ 수 있다'는 '-는 법이다'와 잘 어울리고 '-기 마련이다'와는 잘 어울리지 않는다.

- 자기의 일은 자기가 결정해야 **하는 법이다.**
- 쓴맛을 보고 나서야 진정한 단맛을 알 수 있는 **법이다.**

읽기

1 다음 신문 기사의 제목을 가장 잘 설명한 것을 고르십시오. (　　　　)

> ## 에듀테크로 달라진 교실…
> ## " 이제는 인공 지능으로 배워요. "

① 인공 지능을 활용한 수업을 더욱 늘려야 한다.

② 요즘 교실에서 인공 지능을 활용한 학습이 늘고 있다.

③ 미래의 교사들에게는 인공 지능을 활용할 수 있는 능력이 필요하다.

④ 인공 지능을 활용한 새로운 학습은 학생들에게 부담을 주는 면이 있다.

2 다음을 읽고 글의 내용과 같은 것을 고르십시오. (　　　　)

> 많은 부모들은 자녀들의 교육이 학교나 학원에서 이루어진다고 생각하지만 최고의 인성 교육은 가정에서 이루어지는 법이다. 가정은 작은 사회의 모델이라고 볼 수 있다. 자녀들은 가정 교육을 통해서 구성원들의 역할이나 생활의 규칙, 삶의 목적 등을 학습하게 되는데 이러한 것이 인생의 기초가 된다는 점에서 매우 중요하다고 할 수 있다. 학교나 사회 교육보다도 가정 교육이 인격 형성에 결정적인 영향을 미치게 되는 것이다.

① 부모들은 자녀들에게 좋은 교육 환경을 제공해야 한다.

② 아이들에게 사회생활을 일찍 경험하게 하는 것이 좋다.

③ 아이들의 올바른 인격을 형성하는 데 가정 교육의 역할이 중요하다.

④ 어릴 때부터 많은 것을 학습하면서 자라면 인성 교육에 도움이 된다.

[3-4] 다음을 읽고 물음에 답하십시오.

> 과거 시험은 제도 시행 초기에는 사람들의 관심을 받지 못했지만 시간이 지날수록 시험에 대한 관심이 급격히 높아져 경쟁률이 2000:1까지 올라가기도 했다고 한다. 과거 시험이 높은 관심을 받게 된 이유는 천민을 제외한 양반과 평민이 모두 시험에 응시할 수 있는 자격이 주어져서 시험을 통한 신분 상승이 가능했기 때문이다. 하지만 과거 시험을 보기 위해서는 읽어야 하는 책과 외워야 하는 한자의 양이 너무 많고 시험이 극도로 어려워서 평민들이 이 시험에 응시하는 것은 쉽지 않았다. 보통 과거 시험은 5살부터 준비하기 시작하는데 평균적으로 합격자의 연령은 30대 중반이었다. 다시 말해 과거 시험은 (   ) 정도로 많은 시간과 노력이 필요한 시험이었다.

❸ (   )에 들어갈 내용으로 가장 알맞은 것을 고르십시오. (   )

① 늦은 나이에도 사람들이 도전할
② 30년은 공부해야 합격할 수 있을
③ 남녀노소를 막론하고 관심을 가질
④ 평민들도 노력하기만 하면 성공할 수 있을

❹ 윗글의 내용과 같은 것을 고르십시오. (   )

① 과거 시험은 초기에 많은 인기를 끌었다.
② 과거 시험에서 2,000명의 관리를 뽑은 적이 있다.
③ 천민은 시험을 통해 신분 상승을 할 기회가 없었다.
④ 20대부터 과거 시험 준비를 하는 사람들이 많았다.

더 읽어 보기

• 여러분은 '에듀테크'에 대해 알고 있습니까? 학습에서 얼마나 활용하고 있습니까?

에듀테크(EduTech, EdTech)란 교육(Education)과 기술(Technology)의 합성어로 정보 통신 기술을 교육에 적용함으로써 기존의 교육 서비스를 개선하거나 새로운 서비스를 제공하는 교육을 의미하는 용어이다. 현재 에듀테크는 디지털 학습 제품이나 콘텐츠, 학교 수업과 관리, 특수 교육 분야에서 매우 다양하게 활용되고 있다.

에듀테크 미래 교실

에듀테크 활용 수업

듣기

1 다음을 듣고 가장 알맞은 그림 또는 그래프를 고르십시오. (　　　)

①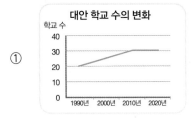

②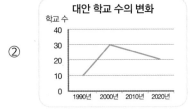

Track 33

③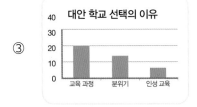

④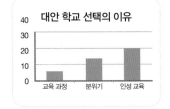

2 남자의 중심 생각으로 가장 알맞은 것을 고르십시오. (　　　)

① 배움에는 끝이 없다.

② 유학 생활에는 가족이 그립기 마련이다.

③ 학습 기간보다 집중의 정도가 학습 결과를 결정한다.

④ 시험을 보기 전까지는 본인의 실력을 알기 어려운 법이다.

Track 34

[3-4] 다음을 듣고 물음에 답하십시오.

Track 35

3 여자의 중심 생각으로 가장 알맞은 것을 고르십시오. (　　　)

① 선행 학습에 대해 부정적으로 생각한다.

② 교과목 위주의 사교육을 일찍 시작하는 게 좋다.

③ 지식을 습득할 수 있도록 인지 교육을 해야 한다.

④ 조기 교육은 인지 교육과 비인지 교육을 아울러야 한다.

4 들은 내용과 같은 것을 고르십시오. (　　　)

① 영유아 조기 교육을 통해 사교성을 기르기는 어렵다.

② 사람들이 조기 교육에 대해 잘못 생각하는 부분이 있다.

③ 학교에서 배우는 과목들을 미리 사교육을 통해 배우면 학습 효과가 떨어진다.

④ 남자와 여자는 비인지적 능력을 키우는 조기 교육에 대해 서로 다른 입장이다.

말하기

● 두 사람이 '영유아 조기 교육'에 대해서 이야기하고 있습니다. 여자의 마지막 말을 듣고
남자가 할 말로 반대 의견을 말하십시오.

Track 36

: 하지만 모국어도 잘 모르는 아이가 외국어를 배우면 …

쓰기

[1-2] 다음 글의 ㉠과 ㉡에 들어갈 말을 쓰십시오.

1

　　'거꾸로 수업'은 기존의 수업 방식과는 반대로 이루어진다. 학생들이 수업 전에 교사가 제공한 동영
상을 통해 학습 내용을 미리 공부해 오고 교실에서는 토론이나 과제 활동만을 진행하는 형태의 수업 방
식이다. 이러한 '거꾸로 수업'은 학생들을 수업에 적극적으로 (　　㉠　　) 만든다는 점에서 주목을
받고 있다. 또한 수업 중 졸거나 엎드려 있던 학생들도 '거꾸로 수업'을 시작한 이후로 (　　㉡　　) 수
업을 듣는다고 한다. 하지만 학생의 참여와 흥미 유발을 원한다면 기존 수업에서 강의를 짧게 하고 학
생 중심의 활동을 진행하는 것만으로도 그 효과를 볼 수 있지 않을까?

㉠ _____　　　㉡ _____

2

　　어릴 때 (　　㉠　　) 이유는 모국어를 배우는 과정과 비슷하게 외국어를 자연스럽게 받아들이기
때문이다. 언어를 습득하는 과정에서 문법적인 규칙을 익히는 것보다 자연스럽게 언어를 사용하고 의
사소통하는 데 집중함으로써 외국어를 더 빠르고 자연스럽게 습득할 수 있다. 또한 어린이들은 새로운
언어에 대한 호기심과 열정이 크기 때문에 언어를 배울 때 틀려도 부끄러워하기보다는 자신감을 가지
고 시도하는 경향이 있다. 하지만 10대가 되면 모국어에 대해 많이 익숙해진 만큼 외국어에 대해 낯설
게 느끼는 데다가 실수했을 때 (　　㉡　　) 외국어를 배울 때 시간이 더 오래 걸린다.

㉠ _____　　　㉡ _____

부록

정답

CHAPTER 1

삶과 운명

1-1 삶에 대한 태도

문법 1

연습

1. (1) 일이 늦게 끝났을뿐더러 팀원들과 회식까지 있었거든.
   (2) 혼자 하기에는 일이 많았을뿐더러 막차 시간이 다 돼서
   (3) 건설 비용이 많이 들뿐더러 지역 주민들의 반대가 심해서 쓰레기 소각장을 늘릴 수가 없는 상황입니다.

모범 답안

2. (1) 나는 성격이 급할뿐더러 불의를 보면 참지 못한다.
   (2) 우리 고향은 자동차 산업이 발전했을뿐더러 인구도 많다.

문법 2

연습

1. (1) 대중교통을 이용했으면 싶은데.
   (2) 하루 정도는 렌트카를 빌려서 여행했으면 싶어.
   (3) 뭔가 먹었으면 싶은데

모범 답안

2. (1) 저는 대학교를 졸업하면 바로 취직하지 않고 대학원에 갔으면 싶습니다.
   (2) 저는 무역 회사에서 일했으면 싶습니다.

듣기 어휘

1. (1) 삶   (2) 인생사
   (3) 위인   (4) 좌우명
   (5) 일화   (6) 계기

2. (1) 비범해서   (2) 몰두하면
   (3) 암기해서   (4) 당부하셨다
   (5) 통보했다   (6) 타협하지

3. (1) 티가 난다   (2) 풀이 죽어
   (3) 새옹지마   (4) 대기만성
   (5) 전화위복

듣기 1

1. 인턴사원과 교환 학생 모집에 지원했는데 모두 떨어졌다.

2. 교통사고 때문에 다리를 다쳐서 집에 갇혀 지내던 중에 K-Pop 아이돌 영상에 빠지게 되었고 그 일을 계기로 한국어를 공부하게 되었다.

3. 안 좋을 때도 있지만 좋은 일도 생길 것이다.

듣기 2

1. 수학 문제를 풀 때 항상 실수했다.
   프랑스어와 그리스어 과목에서 낙제를 면했다.
   두 번의 도전만에 대학교에 합격했다.

2. 포기하지 않고 끝까지 노력하는 꾸준함과 실패를 두려워하지 않는 마음

3. (가) 단지 문제를 더 오래 연구할 뿐이다.
   (나) 한 번도 새로운 것을 시도한 적이 없는 사람이다.

1-2 사람의 운명

문법 1

연습

1. (1) 바쁘게 지내노라면 잊을 수 있을 거예요.
(2) 포기하지 않고 열심히 노력하노라면 언젠가는 부모님도 인정해 주실 거예요.
(3) 두 나라의 정상이 만나서 대화를 하노라면 문제 해결의 실마리를 찾을 수 있을 거예요.

모범 답안

2. (1) 열심히 노력하노라면 언젠가는 꿈을 이룰 수 있을 것이다.
(2) 여러 사람을 만나노라면 좋은 사람을 만날 때도 있고 나쁜 사람을 만날 때도 있다.

문법 2

연습

1. (1) 인생이 행복한지 아닌지는 생각하기 나름이죠.
(2) 아이를 올바르게 키우는 것은 부모하기 나름이죠.
(3) 졸업 후 원하는 일을 할 수 있는지 없는지는 노력하기 나름이죠.

모범 답안

2. (1) 얼마나 발표를 잘 할 수 있는가는 준비하기 나름이죠.
(2) 얼마나 즐겁게 여행할 수 있는가는 계획을 세우기 나름이에요.

읽기 어휘

1. (1) 손금　　　　　(2) 운세
(3) 점　　　　　　(4) 관상
(5) 운명　　　　　(6) 운(수)

2. (1) 수긍했다　　　(2) 꺼리신다
(3) 뒷받침한다　　(4) 분석해서
(5) 점치는　　　　(6) 포장해도
3. (1) 띠　　　　　　(2) 겹쳐

(3) 덜　　　　　　(4) 재물
(5) 존재감　　　　(6) 길한

읽기 2

1. 긍정적 기능 – 미래에 대한 호기심을 채워 주고 불안감을 덜어 줌.
부정적 기능 – 사람의 생김새나 외모로 타인의 성품이나 행동을 예상하고 평가하는 것이 당연시되는 사회가 됨.

2. (1) 관상은 얼굴의 특징을 통해 사람의 성격과 운명을 파악하는 방법이다.
(2) 다른 사람의 인상을 통해 갖게 된 자신의 편견을 과학이라는 이름으로 포장해서 합리화하고 싶어하기 때문에.
(3) 사람의 운명은 정해져 있는 것이 아니라 스스로 하기 나름이다.

1-3 TOPIK 유형으로 확인하기

문법과 표현

1. ④　　**2.** ②　　**3.** ①　　**4.** ②

읽기

1. ②　　**2.** ②　　**3.** ③　　**4.** ④

듣기

1. ②　　**2.** ①　　**3.** ①　　**4.** ②

말하기

● 베토벤은 비범한 음악적 재능을 가지고 있었습니다. 그의 피아노 연주는 매우 아름다웠을뿐더러 수많은 사람들을 감동시켰습니다. 그와 그의 음악은 수많은 사람들에게 사랑받았습니다. 하지만 연주자와 작곡가로 점점 명성을 얻어 가고 있던 그에게 시련이 찾아왔습니다. 언젠가부터 조금씩 귀가 들리지 않기 시작한 것이었습니다. 청력을 잃은 베토벤은 상심이 너무 커서 음악을 포기하려고도 생각하였습니다. 그가 절망에 빠져 있던 어느 날, 하늘에서는 천둥이 치고 비바람이 몰아쳤습니다. 베토벤은 자신의 귀가 들리지 않는 것은 지금 내리치는 천둥과 비바람처럼 자신의 운명에 찾아온 시련이라는 생각이 들었습니다. 그리고 그 감정을 음악으로 표현하였습니다. 계속되는 노력 끝에 베토벤은 마침내 자신의 걸작, 교향곡 9번 '운명'을 완성했고 사람들로부터 많은 찬사를 받았습니다. 그는 운명에 굴하지 않고 자신에게 찾아온 시련을 극복했습니다. 인생을 사노라면 나쁜 일도 생기기 마련이지만 그것을 극복했을 때 진정한 인생의 성공과 행복이 찾아올 것입니다.

쓰기

● 중학생들의 장래 희망을 조사한 결과 41%는 장래 희망이 없다고 답했다. 그 이유로 '무엇을 좋아하는지 아직 잘 몰라서'라는 응답이 53%로 가장 많았으며 '잘하는 것과 못하는 것을 몰라서', '관심 가는 직업 분야가 없어서' 등이 그 뒤를 이었다. 전문가들은 이런 현상의 원인으로 롤 모델의 부재와 지나치게 경쟁적인 사회 분위기를 들었다. 이러한 문제를 해결하기 위해서는 학교에서 롤 모델이 될 만한 유명 인사들을 초청하여 강연을 한다거나 체험과 실습 위주의 교육을 통해 학생들이 하고 싶은 일을 찾을 수 있도록 도와줘야 할 것이다. (299자)

CHAPTER 2
언어와 사고

2-1 한국어의 특징

문법 1

연습

1. (1) 맞춤법이란 한글로 한국어를 표기하는 규칙을 이르는 말이다.
   (2) 외래어란 외국에서 들어온 말로 국어에서 많이 쓰이는 단어이다.
   (3) 논설문이란 어떤 주제에 관하여 자기의 생각이나 주장을 쓴 글이다.

2. (1) 사랑이란 서로 같은 곳을 바라보면서 나란히 걸어가는 것이다.
   (2) 행복이란 나눌수록 커지므로 주변 사람들이 행복하면 더 큰 행복이 나에게 온다.
   (3) 성공이란 잡으려고 할수록 멀리 도망가기 때문에 성공이 삶의 목표가 되면 안 된다.

문법 2

연습

1. (1) 늦게까지 문을 여는 가게가 많아서 그런지
   (2) 한국 사람들이 노래 부르는 것을 좋아해서 그런지
   (3) 한국 사람들이 술을 많이 마셔서 그런지

2. (1) 고객에게 심한 말을 들었는지 상담원의 표정이 별로 좋지 않아요.
   (2) 주인을 기다리는지 강아지가 문 앞에 앉아 있어요.
   (3) 비싼 선물을 받았는지 여자가 선물을 받고 기뻐하네요.

듣기 어휘

1. (1) 부사어   (2) 목적어
    (3) 서술어   (4) 조사
    (5) 주어
    (5) – (2) – (3) – (4) – (1)

2. (1) 청자   (2) 존댓말
    (3) 격식   (4) 차별
    (5) 불가분

3. (1) 생소하다고   (2) 꼽아
    (3) 초면   (4) 자칫
    (5) 불쾌감

듣기 1

1. 한자어를 알고 있어서

2. '여쭤보다'는 질문을 하는 사람이 질문을 받는 사람보다 아랫사람일 때 사용하는 단어이기 때문에 '선생님이 다른 학생한테 여쭤보다'는 잘못된 표현이다.

3. ① 카린 님, 진료실에 들어오실게요.
    • '들어오세요' 같은 명령문을 사용하면 듣는 사람의 기분이 상할 수 있다고 생각해서 명령문 대신에 '의지'를 나타내는 '-(으)ㄹ게요'를 사용한다.
    ② 주문하신 음료 나오셨습니다.
    • '-시-'를 사용하지 않고 '나왔습니다'라고 하면 손님에게 존댓말을 쓰지 않는다고 잘못 생각하는 사람들이 있기 때문에

듣기 2

1.

	주체 높임법	(객체 높임법)	(상대 높임법)
대상 관계	화자와 문장의 주어	문장의 목적어 나 부사어의 인물과 화자	화자와 청자
표현 방법	• 조사를 바꾼다 • 서술어에 '-시-'를 사용한다	• 조사를 바꾼다 (에게→께) • 서술어를 바꾼다 (만나다→ 뵙다)	• 서술어의 종결 형태를 다르게 한다 • 격식체와 비격식체를 사용한다

2. 상대 높임법
    현재 눈앞에 있는 상대에게 직접 표현하는 것이므로 잘못하면 불쾌감을 줄 수 있기 때문에

3. 존댓말과 반말의 사용에 따라 관계의 위계가 생기고 차별을 인식할 수도 있다.

2-2 생각을 담는 그릇

문법 1

연습

1. (1) 물가가 많이 올랐을지라도 학생 식당의 밥값이나 등록금은 올리면 안 된다고 생각합니다.
    (2) 반려동물이 가족만큼 예쁘고 소중할지라도 사람처럼 생각하고 소비하는 것은 지나친 것 같습니다.
    (3) 금융 지원 대책이 아무리 많고 좋을지라도 아이를 키우기 힘든 환경이 나아지지 않으면 소용이 없다고 생각합니다.

모범 답안

2. (1) 아는 사람일지라도 함부로 개인정보를 가르쳐 주면 안 된다.
    (2) 조금 불편할지라도 에너지를 절약하고 자동차 이용을 줄여야 한다.

문법 2

연습

1. (1) 아이 때부터 비만이면 성인병이 생기기 십상이니까 운동을 좀 시키세요.
   (2) 무턱대고 투자하다가는 돈을 잃기 십상이야. 잘 알아보고 투자해.
   (3) 오래 앉아서 일하면 자세가 나빠지기 십상이야. 가끔씩 자리에서 일어나서 스트레칭이라도 하는 게 좋아.

모범 답안

2. (1) 반바지를 입고 등산을 하면 다리에 상처가 나기 십상이에요.
   (2) 햇빛이 강한 날 바닷가에서 선탠을 하면 화상을 입기 십상이에요.

읽기 어휘

1. (1) 언어 결정론   (2) 사고력
   (3) 의사소통   (4) 언어학
   (5) 언어 감수성

2. (1) 인식   (2) 경향
   (3) 분야   (4) 영향
   (5) 장애

3. (1) 지양해야 한다   (2) 우선시되는
   (3) 구애를 받지   (4) 끼쳐서
   (5) 언급하셔서

읽기 2

1.

정의	언어가 인간의 사고를 결정한다	근거	• 언어에 따라 다른 무지개 색깔 • 언어에 따라 다리를 표현할 때 사용하는 단어가 다름

2. (1) 주인공이 외계인의 언어를 이해하고 나서 외계인의 능력까지 얻게 된다.

(2) 다음 질문들에 쉽게 답하기 어렵다.
   – 다른 언어를 사용하면 같은 문화를 공유할 수 없는가?
   – 아이들이나 언어 장애를 겪는 사람들의 사고 능력은 언어 능력으로만 평가해도 되는가?
   – 한국어는 색채 형용사가 발달했는데 다른 나라 사람들에 비해 특별히 색을 다양하게 인식하는 능력이 있는가?

(3) 스튜어디스/스튜어드, 몰카, 유모차, 저출산, 여배우

2-3 TOPIK 유형으로 확인하기

문법과 표현

1. ③   2. ①   3. ①   4. ③

읽기

1. ④   2. ④   3. ①   4. ③

듣기

1. ③   2. ④   3. ②   4. ②

말하기

모범 답안

● 제 생각에는 언어 감수성이 중요하기는 하지만 나쁜 의도를 가지고 사용하는 것이 아니라면 괜찮은 것 같습니다. 테린이, 골린이처럼 초보자를 부르는 단어 역시 어린이가 무엇을 열심히 배우는 모습을 귀엽다고 생각해서 사용하기 시작한 것 같은데 아마 다른 사람들도 대부분 저처럼 긍정적으로 느낄 것 같습니다. 성별이나 종교, 나이, 장애 등을 차별하는 단어들은 절대 사용하면 안 되겠지만 쉽고 재미있게 사용할 수 있는 단어까지 의미를 따지고 사용하지 못하게 하면 안 된다고 생각합니다.

쓰기

● 언어와 사고는 깊은 상호작용 속에 있다. 언어는 우리의 사고와 인식에 영향을 미치고 우리의 사고는 언어를 통해 표현된다. 언어 상대성 이론에 따르면 특정 언어를 사용하는 사람들은 그 언어의 구조에 따라 세상을 다르게 인식하기도 한다.

이러한 언어와 사고의 관계는 차별과 혐오가 포함된 어휘 표현을 인식하고 개선하는 노력의 중요성을 강조한다. 차별적 언어는 특정 그룹에 대한 고정관념과 편견을 갖게 만들고, 이로 인해 사회적 불평등과 갈등이 발생할 수 있기 때문에 이러한 언어를 사용하지 않으려는 노력은 사회적인 통합을 위해 필수적이다.

올바른 언어 사용은 사회에 긍정적인 영향을 미칠 수 있다. 첫째, 상대방을 존중하는 언어는 다양한 배경을 가진 사람들의 관계를 좋아지게 만든다. 둘째, 차별적 언어의 사용을 줄이는 것은 사회적 갈등을 감소시키고 더 평화롭고 조화로운 사회를 만드는 데 도움이 된다. 셋째, 올바른 언어 사용은 개인의 자존감과 정신적 안정에 긍정적인 영향을 미친다.

결론적으로 언어와 사고는 상호작용하며 서로에게 영향을 미친다. 차별과 혐오가 포함된 어휘 표현을 인식하고 개선하는 노력은 개인과 사회 모두를 위해 필요하다. 그리고 올바른 언어 사용은 사회적 유대, 갈등 감소, 개인의 자존감 향상 등 다양한 긍정적 영향을 미치며, 이러한 노력이 모여 더 나은 사회를 만들어 나가는 데 기여할 것이다. (691자)

CHAPTER 3

음식과 문화

3-1 음식의 유래

문법 1

연습

1. (1) 발효 식품이 건강에 좋다기에 요즘 된장찌개를 자주 끓여 먹어요.
   (2) 계단 오르기가 효과적이라기에 회사에서 사무실에 올라갈 때 매일 계단을 이용하고 있어.
   (3) 전주는 먹거리가 풍부하다기에 그곳으로 여행 가기로 했어.

2. (1) 이곳은 물가가 싸서 쇼핑하기 좋다기에 여행 왔는데 생각보다 싸지 않았다.
   (2) 친구가 중고 거래로 좋은 물건을 싸게 살 수 있다기에 해 봤는데 좋은 물건 찾기가 쉽지 않았다.

문법 2

연습

1. (1) 국내외를 막론하고
   (2) 지위 고하를 막론하고
   (3) 동서고금을 막론하고

2. (1) 현대 사회에서 남녀노소를 막론하고 스트레스를 안 받는 사람이 없다.
   (2) 발효 식품은 동서양을 막론하고 많은 사람들이 즐겨 먹는 건강 식품이다.

듣기 어휘

1. (1) 메밀 면   (2) 육수
   (3) 익히다   (4) 고명, 얹다
   (5) 재우다

2. (1) 살균   (2) 간이 세다
   (3) 푸짐하고   (4) 맛봐야
   (5) 심심해서

3. (1) 특색, 대표적인   (2) 형성된
   (3) 유래   (4) 대중적인

듣기 1

1. 채소를 익혀 먹는 요리가 발달했고 고열량 음식이 많다.

2. 태국은 기온이 높고 습해서 음식이 상하기 쉽기 때문이다.

듣기 2

1.

	춘천 닭갈비	평양냉면
재료	닭고기, 매운 양념, 채소, 떡, 고구마 등	메밀 면, 동치미 국물이나 고기 육수, 다양한 고명
맛	매콤함	심심함, 구수함
조리 방법	철판에 볶음.	메밀로 만든 삶은 면에 육수를 붓고 고명을 얹음.

2. 닭갈비 골목이 형성된 지역에 양계장이 많았기 때문이다.

3. 6.25 전쟁 이후 피란민들에 의해 남쪽으로 전해지면서 대중적인 음식이 되었다.

3-2 현대 사회와 사찰 음식

문법 1

연습

1. 보기 당근 •———• 귀한 약재
   (1) 낙지 •   • 좋은 소식을 가지고 오는 길조
   (2) 먹을 것 •   • 최고의 보양식
   (3) 까치 •   • 하늘

   (1) 낙지를 최고의 보양식으로 여깁니다.
   (2) 먹을 것을 하늘로 여긴다는
   (3) 까치를 좋은 소식을 가지고 오는 길조로 여깁니다.

모범 답안

2. (1) 많은 사람들이 걷기 운동을 만병통치약으로 여긴다. 그러나 사람마다 필요한 운동이 다르므로 자기에게 맞는 운동을 해야 한다.
   (2) 인생에서 돈을 최고의 가치로 여기는 사람이 많다. 그러나 나는 행복을 최고의 가치로 여긴다.

문법 2

연습

1. (1) 성인병의 원인이 될 수 있거니와 면역력을 떨어뜨릴 수 있기
   (2) 기온이 높거니와 비도 많이 내립니다.
   (3) 교통이 편리하거니와 근처에 넓은 공원도 있어서

모범 답안

2. (1) 길거리 음식은 종류가 다양하거니와 간단하게 먹을 수 있어서 남녀노소 모두 즐길 수 있다.
   (2) 한국어는 의미가 비슷한 문법도 많거니와 존댓말도 복잡해서 배우면 배울수록 어려워진다.

읽기 어휘

1. (1) 채식   (2) 육류
   (3) 인공 조미료   (4) 인스턴트 식품
   (5) 채식주의자   (6) 스님

2. (1) 과하게   (2) 급변하는
    (3) 길들면   (4) 강도 높은
    (5) 치우친

3. (1) 일상적   (2) 최소한
    (3) 최대한   (4) 정성껏
    (5) 심신

읽기 2

1.

정의	사찰에서 수행하는 스님들이 일상적으로 먹는 음식
바탕 사상	생명 존중 사상
주요 식재료	제철에 나는 채소
금하는 식재료	육류, 마늘, 파, 부추, 달래, 양파

2. (1) 채식주의자, 요리사, 건강식에 관심이 많은 일반인
    (2) 식사에 대한 고마움
    (3) 심신의 안정을 누릴 수 있게 해 준다.

3-3 TOPIK 유형으로 확인하기

문법과 표현

1. ①   **2.** ③   **3.** ②   **4.** ④

읽기

1. ③   **2.** ④   **3.** ④   **4.** ②

듣기

1. ③   **2.** ①   **3.** ③   **4.** ②

말하기

모범 답안

● 기후 위기를 극복하려면 지구 온난화의 주요 원인인 온실가스 배출을 줄여야 합니다. 흔히 온실가스는 주로 석유나 석탄을 이용하여 에너지를 생산할 때 만들어진다고 생각하지만 사실 육류를 생산하는 과정에서도 생각보다 많은 온실가스가 배출됩니다. 예를 들어 소나 양이 먹이를 소화하는 과정에서 메탄이라고 하는 온실가스가 발생하는데 이때 발생하는 메탄의 양이 매우 많다고 합니다. 그리고 소나 양을 키울 시설을 짓고 육류로 가공하는 과정에서도 온실가스의 하나인 이산화탄소가 나옵니다. 이처럼 소고기 섭취량이 증가하면 메탄, 이산화탄소 등 온실가스 배출량도 증가하게 됩니다. 그렇기 때문에 기후 위기 극복을 위한 실천 방안으로 채식을 선택하는 사람들이 늘고 있습니다. 이들은 육류를 전혀 섭취하지 않거나 부분적으로 섭취하는 방법으로 채식을 실천하고 있습니다. 채식하는 사람들이 늘어서 육류 생산량이 줄면 온실가스 발생이 감소하여 기후 위기를 극복하는 데 도움이 될 것입니다.

쓰기

모범 답안

1. ㉠ 따라할 수 있습니다
    ㉡ 빨리 마감되니까

2. ㉠ 바뀌고 있다
    ㉡ 건강에 문제가 생기는 것은 아니다

CHAPTER 4

주거 문화의 변화

4-1 한옥의 구조

문법 1

연습

1. (1) 저도 그렇고 상대방도 너무 조용한 성격이라서 함께 앉아 있는 내내 어색하기 그지없었어요.
(2) 단지 안에 편의 시설이 잘 되어 있어서 생활하기에 편리하기 그지없어요.
(3) 구어보다는 문어적인 표현이 많아서 활용 방법이 까다롭기 그지없어.

모범 답안

2. (1) 서울에 처음 왔을 때 건물이나 사람들의 모습이 화려하기 그지없었어요.
(2) 한국 드라마를 처음 본 건 10년 전인데 등장인물들의 관계가 복잡하기 그지없었어요.

문법 2

연습

1. (1) 느끼다 • • 그 사건을 계획적인 범죄라고 보기는 힘들다
(2) 듣다 • • 외국어 공부에는 인내심이 필요하다
(3) 목격하다 • • 이 지역은 집값이 몇 년째 계속 오르고 있다

(1) 느끼다시피(느끼고 있다시피) 외국어 공부에는 인내심이 필요합니다.
(2) 들었다시피 이 지역은 집값이 몇 년째 계속 오르고 있어요.
(3) 목격했다시피 그 사건을 계획적인 범죄라고 보기는 힘들 것 같습니다.

모범 답안

2. (1) 전문가들이 예상했다시피 한국 팀이 4강 진출을 확정 지었습니다.
(2) 사진에서 보시다시피 최근 화장을 하는 남성들이 늘고 있습니다.

듣기 어휘

1. (1) 마루 (2) 마당
(3) 안방 (4) 곳간
(5) 대청 (6) 서재

2. (1) 머물 (2) 말랐다
(3) 보전하고 (4) 아담하다
(5) 고안해 (6) 공존하고

3. (1) 온돌 (2) 양식
(3) 지붕 (4) 추녀
(5) 곡선

듣기 1

모범 답안

● 손님이 원하는 집은 2번이고, 부동산에서 추천하는 집은 3번입니다.

먼저 2번 집은 방이 두 개밖에 없다는 것이 단점이지만, 반면에 작은 방과 주방 쪽에 다 마루가 붙어 있어서 그곳을 작업실로 꾸며 사용할 수 있다는 장점이 있습니다. 3번 집은 서재까지 해서 방이 네 개나 된다는 장점이 있지만, 가운데 있는 큰 마당을 관리하려면 손이 많이 갈뿐더러 비용도 많이 든다는 단점이 있습니다.

듣기 2

1.

공간 명칭	기능	특징
안채	시어머니와 며느리 등 여성들이 지내는 공간	집의 중심이 되는 곳으로 방과 큰 마루인 대청, 부엌 등 다양한 공간으로 되어 있음.
마당	여러 집안 행사와 생활에 다양하게 활용된 공간	건물마다 따로 마당을 두었음.

2. (1) 온돌과 마루는 더위와 추위를 동시에 해결하기 위해 고안된 것으로 독특하기 그지없는 건축 양식이다.

(2) 처마는 한옥의 주재료인 나무가 비를 맞지 않게 해 주는 기능을, 곡선 형태로 위로 올라간 추녀는 젖은 나무가 마르도록 하는 기능을 하며 이들은 한옥의 미적 특성에도 큰 영향을 주었다.

4-2 현대의 주거 생활

문법 1

연습

1. (1) 간편식품이 매우 다양해짐에 따라 집에서도 손쉽게 요리를 할 수 있게 되었습니다.

(2) 열대야 현상이 지속됨에 따라 관련 질병으로 병원을 찾는 환자가 많아졌습니다.

(3) 대학들이 학생들을 위한 기숙사를 늘림에 따라 몇 년 사이 대학가 하숙집이 줄었습니다.

모범 답안

2. (1) 물가가 상승함에 따라 장보기가 무섭다는 사람들이 늘고 있습니다.

(2) K-Pop의 영향력이 커짐에 따라 K-Pop에 대한 이야기가 교과서에도 실리게 되었습니다.

문법 2

연습

1. (1) 유명한 관광지이자 역사 교실과 같은 곳이다.

(2) 제2의 고향이자 내 삶의 터전이다.

(3) 새로 생긴 취미이자 특기이다.

모범 답안

2. (1) 스마트폰은 나에게 필수품이자 생활의 일부가 되었다.

(2) 집은 나에게 가장 편안한 휴식 공간이자 작업 공간이다.

읽기 어휘

1. (1) 옛날식   (2) 근대화

(3) 산업화   (4) 인구 집중

(5) 단절   (6) 초기

2. (1) 되팔았다   (2) 공급해야

(3) 해소하기   (4) 특수하게

(5) 나아가는   (6) 제한하고

3. (1) 건축물   (2) 단지

(3) 대규모   (4) 중심부

(5) 입주

읽기 1

1. 중요하게 고려하는 요소는

2. 선호하지 않는 이유는

읽기 2

1. (1) 대규모의 아파트 단지가 수도인 서울의 중심부에 존재한다는 것

   (2) 공급 초기에 비교적 저렴하게 아파트에 입주한 뒤 좀 더 비싼 가격으로 되팔아 이익을 남기는 경우가 늘어났기 때문에

   (3) 아파트라는 공간이 현대인들의 생활 방식에 맞게 지어짐에 따라 제공 받을 수 있는 편리함과 편안함이 있다는 것

2. (1) 늘려감에 따라

   (2) 작가이자

어휘 늘리기

2. (1) 어릴 적 그 시절로 되돌아가고 싶다.

   (2) 시간을 다시 되돌릴 수는 없다.

   (3) 옛날 사진들을 보니까 기운을 되찾은 것 같다.

4-3 TOPIK 유형으로 확인하기

문법과 표현

1. ②   2. ③   3. ④   4. ③

읽기

1. ④   2. ③   3. ②   4. ③   5. ①

듣기

1. ③   2. ①   3. ②   4. ④

말하기

모범 답안

● 주택문화연구원의 조사 결과에 따르면 미래 주거 선택 요인으로 35%에 달하는 사람들이 주거의 '쾌적성'을 꼽은 것으로 나타났습니다. 이렇게 가장 높은 비율의 응답자들이 주거 선택의 요인으로 쾌적성을 꼽은 이유는 환경 오염이 심각해짐에 따라 자연 친화적인 주거지를 원하는 사람들이 늘어났기 때문입니다.

  다른 응답으로는 '교통의 편리성'과 '편의 시설'이 각각 28%와 20%로 나타났으며 '교육 환경'이 미래 주거 선택의 요인이라는 응답도 전체 응답의 15%를 차지했습니다. 이를 통해 출퇴근길의 교통 문제와 자녀 교육 문제 등도 주거 선택에도 큰 영향을 미친다는 것을 알 수 있습니다.

쓰기

모범 답안

1. ㉠ 난방의 기능을 할 뿐만 아니라

   ㉡ 방바닥을 따뜻하게

2. ㉠ 살기 좋아질 것입니다 / 생활하기 편리해질 것입니다

   ㉡ 놓치지 않으셨으면 합니다

5-1 한복의 디자인

문법 1

연습

1. (1) 연락을 받고 나서야 사기를 당했다는 사실을 알게 되었습니다.
   (2) 전에는 몰랐는데 한국에 오고 나서야 한국 음식에는 마늘이 많이 들어간다는 것을 알게 되었습니다.
   (3) 부모님과 떨어져서 혼자 살게 되고 나서야 가족의 소중함을 깨닫게 되었어요.

모범 답안

2. (1) 가족들과 함께 살 때는 몰랐는데 혼자 살면서 요리를 직접 시작하고 나서야 내가 버섯을 좋아해서 모든 요리에 버섯을 넣는다는 것을 깨닫게 되었다.
   (2) 한국에 오기 전에는 한복을 입어 본 적이 없어서 몰랐는데 한국에 와서 한복 체험을 해 보고 나서야 나에게 한복이 꽤 잘 어울린다는 것을 알게 되었다.

문법 2

연습

1. (1) 결혼식을 올리지 않고 결혼 기념사진만 찍다니, 참으로 소박하기 이를 데 없어요.
   (2) 작년에 태풍 피해를 입은 지역이 또 피해를 입다니, 참으로 안타깝기 이를 데 없어요.
   (3) 매일 술만 마시면서 지내다니, 참으로 착잡하기 이를 데 없네요.

모범 답안

2. (1) 경복궁에서 한복 체험을 했다. 그날은 날씨도 화창하고 한복도 화사하기 이를 데 없었다. 그래서

인지 찍는 사진마다 모두 인생 사진이라고 해도 과언이 아닐 만큼 아름다웠다.

(2) 어제 간 박물관에는 다양한 종류의 예술품이 전시되어 있었다. 그중에서도 한 조각상이 눈에 띄었는데 그 조각상은 정교하기 이를 데 없었다. 이렇게 놀라운 예술품을 어떻게 만들 수 있는지 정말 감탄스러웠다.

듣기 어휘

1. (1) 고리   (2) 장신구
   (3) 비단   (4) 날개

2. (1) 둥근   (2) 붉게
   (3) 묶는   (4) 수놓은
   (5) 여며

3. (1) 관복   (2) 예복
   (3) 빛깔   (4) 한 땀 한 땀
   (5) 정성

듣기 1

- ① 저고리   ② 소매
1. (속바지) → 속치마 → (겉치마) → (저고리)

2. 여자 옷은 치마가 길고 풍성하다. 직선과 곡선이 조화를 이루고 있다. 한복의 색깔로 그 사람의 처지를 알 수 있다.

듣기 2

1.

신랑의 옷	사모관대
신부의 옷	활옷

2.

신랑의 옷	궁에서 관리들이 입던 관복
신부의 옷	조선 시대 공주의 예복

5-2 한국의 탈

문법 1

연습

1. (1) 바지 통이 큰 만큼 하체의 단점도 보완해 주고 활동하는 데에도 불편함이 없습니다.
   (2) 많은 국민들이 응원해 주시는 만큼 기대에 부응해 열심히 하도록 하겠습니다.
   (3) 첫 회사인 만큼 제 회사라고 생각하고 열심히 일할 생각입니다.

모범 답안

2. (1) 인간의 평균 수명이 늘어나고 있는 만큼 실버 산업의 규모도 점점 커질 것이다.
   (2) 인공 지능 기술이 발전하고 있는 만큼 미래에는 기존의 전통적인 직업에도 변화가 생기고 신기술과 관련된 새로운 일자리도 많아질 것으로 예상된다.

문법 2

연습

1. (1) 10분 만에 어려운 문제를 다 푸는 걸 보니 우리 형은 천재임에 틀림없어요.
   (2) 최근에 가뭄과 홍수가 자주 생기는 걸 보니 기후가 빠르게 변화하고 있음에 틀림없어요.
   (3) 한 달 동안 연락이 안 되는 걸 보니 무슨 일이 생겼음에 틀림없어요.

모범 답안

2. (1) 입 주변에 거품이 묻은 걸로 보아 방금 전에 우유를 마셨음에 틀림없다.
   (2) 많은 서점들이 폐업하는 걸로 보아 요즘 사람들이 종이로 된 책을 보지 않는 것임에 틀림없다.

읽기 어휘

1. (1) 금박   (2) 탈
   (3) 각양각색   (4) 장식

2. (1) 대칭되는   (2) 감추고
   (3) 성대한   (4) 삐뚤어지게
   (5) 우스꽝스러운

3. (1) 경계를 늦추기   (2) 의식을 치르는
   (3) 시대상을 반영하여 (4) 눈길을 끌었다
   (5) 고단함을 달랜

읽기 2

1. (1) 동물을 사냥하기 위한 변장용으로 사용되기도 했고 주술적인 목적으로 사용되기도 했다.
   (2) ① 몸에 생긴 질병을 비롯해 사고, 결함 등을 의미한다.
      ② 가짜 얼굴이라는 의미의 가면을 뜻한다.
   (3) 얼굴 표정이 다양하고 풍부한 것이 특징이다. 좌우가 대칭되지 않는다.

2. 평소에 쌓인 불만과 삶의 고단함을 해소하기

5-3 TOPIK 유형으로 확인하기

문법과 표현

1. ④   2. ④   3. ②   4. ③

읽기

1. ①   2. ①   3. ②   4. ①

듣기

1. ②   2. ①   3. ③   4. ④

말하기

● 맞아요. 그런 면이 있지요. 하지만 전통 한복만을 계속 고집하다가는 젊은 세대들에게 관심을 받지 못하는 수도 있다고 생각해요. 전통과는 거리가 있다고 하더라도 생활 속에서 생활 한복을 가까이 하게 되면 우리의 한복 문화를 계속 이어나갈 수 있지 않을까요? 전통 한복의 아름다움은 살리고 생활 한복의 편리함을 살린 디자인이 앞으로 많이 나오면 좋겠어요.

쓰기

● 한국인 1,000명을 대상으로 한복 착용에 대한 인식을 조사했다. 한복을 자주 입냐는 질문에 아예 입지 않는다는 응답이 65.2%, 거의 입지 않는다는 응답이 21.7%를 차지했다. 한복을 입지 않는 이유에 대해서는 한복을 입을 기회가 없다는 응답이 73%로 가장 많았다. 이상의 설문 조사 결과를 통해 많은 한국 사람들이 한복을 입을 기회가 없어서 한복을 입지 않는다는 사실을 알 수 있다. 그러므로 한복을 특별한 날에만 입는 옷이라는 인식을 개선할 수 있도록 일상에서도 한복을 입을 수 있는 분위기를 조성할 필요가 있다. (293자)

CHAPTER 6
한국의 교육

6-1 한국인의 교육열

문법 1

연습

1. (1) 개방적인 편이신데 이성 문제에 대해서는 보수적인 면이 있으셔.
   (2) 센스가 있어서 좋은데 조금 과한 면이 있어.
   (3) 편리하긴 한데 수업에 방해가 되는 면이 있어요.

2. (1) K-콘텐츠는 현실 세계에 있을 법한 이야기를 하면서도 판타지스러운 면이 많은 것 같다.
   (2) 우리 나라 사람들이 성실하고 부지런하긴 한데 일을 좀 급하게 하는 면이 있다.

문법 2

연습

1. (1) 기대가 크면 실망이 큰 법이지.
   (2) 산에 가야 꿩을 잡고 바다에 가야 고기를 잡는 법이지.
   (3) 사공이 많으면 배가 산으로 가는 법이잖아요.

2. (1) 모든 사람에게 사랑받을 수는 없는 법이다.
   (2) 열심히 노력하면 성공하는 법이다. / 뿌린 대로 거두는 법이다.

듣기 어휘

1. (1) 인성　　　　　(2) 교육
   (3) 학습　　　　　(4) 습득
   (5) 오감　　　　　(6) 개념

2. (1) 향상시키기   (2) 엄격하셔서
    (3) 훈계해도   (4) 극대화된다
    (5) 자극해서

3. (1) 홀어머니   (2) 공동묘지
    (3) 무덤   (4) 흉내냈다
    (5) 일컬어

듣기 1

1. 맹자의 어머니가 맹자의 교육을 위해 세 번 이사한 것을 의미한다.

2. 공부를 제대로 마치지 않은 채로 집으로 돌아왔기 때문에

듣기 2

1.

	여자	남자
조기 교육에 대한 주장	조기 교육에 (찬성)/ 반대한다.	조기 교육에 (찬성 / 반대)한다.
주장의 근거	• 어린 시절에 해야 **효과가 극대화된다.**	• 과도한 조기 교육은 **뇌 발달을 저하시킨다.**

2. 사람들은 조기 교육이라고 하면 지식을 습득하는 인지 교육으로 한정해서 생각한다. (하지만 비인지적 능력을 키워 주는 것도 조기 교육의 역할이다.)

3. 조기 교육을 선행 학습의 개념으로 생각하고 학교 교과목 위주로 사교육을 시키는 것에 문제가 있다.

6-2 교육 제도의 변화

문법 1

연습

1. (1) 청년들의 취업난이 지속되는 가운데 명문대 입학을 위한 입시 경쟁도 더욱 뜨거워지고 있습니다.
    (2) 국내외 기자들과 일반 시민 만여 명이 참석한 가운데 지금 막 대통령의 연설이 시작되고 있습니다.
    (3) 광화문 앞 도로가 차량들로 혼잡한 가운데 시민 단체들이 시위를 벌이고 있습니다.

모범 답안

2. (1) 편안함을 강조한 옷이 인기를 끄는 가운데 시원한 소재로 된 상품을 찾는 소비자가 많아지고 있다.
    (2) 인구 구조가 빠르게 변화하는 가운데 초고령화 사회에 대비해 새로운 복지 정책이 필요하다는 목소리가 높아지고 있다.

문법 2

연습

1. (1) 동아리에 가입해서 선배들을 사귐으로써 학교생활을 시작하는 데 도움을 받을 수 있습니다.
    (2) 은행이 대출 금리를 낮춤으로써 자영업자들의 부담을 줄일 수 있지 않을까 싶습니다.
    (3) 대학과 중소기업들이 함께 취업 관련 프로그램을 운영함으로써 중소기업에 대한 구직자들의 관심을 높일 수 있을 것이라고 생각합니다.

모범 답안

2. (1) 비빔밥은 해외의 여러 방송에 소개됨으로써
    (2) SNS로 여러 나라 팬들과 활발하게 소통함으로써 세계적으로 큰 인기를 끌게 되었다.

읽기 어휘

1. (1) 문과   (2) 무과
   (3) 과거   (4) 향교
   (5) 학당   (6) 서당

2. (1) 숨기지   (2) 응시하기
   (3) 시행   (4) 베껴서
   (5) 선발하기

3. (1) 계층   (2) 제약
   (3) 나랏일   (4) 고려
   (5) 체계

읽기 2

1.

	현대	조선
학습 목적	좋은 직장에 들어가기 위해	관리가 되기 위해
학교 종류	초등학교, 중학교, 고등학교, 대학교	서당, 향교, 학당, 성균관

2. (1) 과목에 따라 인재를 선발한다는 뜻이다.
   (2) 시험을 통한 신분 상승이 가능했기 때문이다.
   (3) 서당을 다니고 나서 향교나 학당에 진학해야 한다.
       5살 정도의 나이 때부터 한자를 외우고 책을 읽
       어야 한다.

6-3 TOPIK 유형으로 확인하기

문법과 표현

1. ④   2. ②   3. ④   4. ③

읽기

1. ②   2. ③   3. ②   4. ③

듣기

1. ③   2. ③   3. ④   4. ②

말하기

모범 답안

● 하지만 모국어도 잘 모르는 아이가 외국어를 배우면
오히려 모국어를 습득할 때 문제가 생기지 않을까 싶
어요. 그리고 어릴 때 외국어를 배우면 빨리 배울 수
있다고 하더라도 소아 우울증을 유발한다든가 언어
장애까지 초래할 수 있다는 연구 결과를 모르는 체할
수는 없는 것 같아요.

쓰기

모범 답안

1. ㉠ 참여하게
   ㉡ 졸거나 엎드려 있지 않고 흥미롭게

2. ㉠ 외국어를 배우는 것이 좋은 / 외국어를 배워야 하는
   ㉡ 부끄러움을 많이 느껴서 소극적인 태도로 배우기
   때문에

CHAPTER 1

삶과 운명

1-1 삶에 대한 태도

듣기 1

레나 서준 씨, 전공 수업 시간에 계속 한숨을 쉬면서 집중하지 못하던데 무슨 안 좋은 일 있어요?

박서준 제가 그랬나요? 좀 안 좋은 일이 있긴 했는데 티가 났나 보네요.

레나 무슨 일인데 그래요?

박서준 얼마 전에 와우전자에서 방학 때 일할 인턴사원을 모집한다고 해서 지원을 했었는데 아까 수업 시간에 문자로 불합격 통보를 받았거든요.

레나 에이, 그럴 수도 있죠. 뭐 그런 일로 그렇게 풀이 죽어 있어요.

박서준 사실 그 일뿐만이 아니에요. 원래 지난 학기에는 미국에 있는 대학교에 교환 학생으로 가려고 지원했었는데 거기에서도 탈락했거든요. 이렇게 하는 일마다 잘 안 풀리다 보니 자존감도 많이 떨어질 뿐더러 내가 뭘 잘할 수 있는지도 모르겠어요.

레나 인생사 새옹지마라고 살다 보면 안 좋을 때도 있지만, 좋은 일도 생길 거예요. 제가 보기에 서준 씨는 대기만성형인 사람이라서 앞으로 더 잘될 거예요.

박서준 레나 씨에게 그런 말을 들으니 그래도 조금 힘이 나네요. 그나저나 레나 씨는 외국 사람인데 새옹지마나 대기만성 같은 어려운 한자 성어를 어떻게 그렇게 잘 아는 거예요?

레나 한국 예능 프로그램을 보다 보면 한자 성어를 맞히는 퀴즈 같은 게 자주 나오잖아요. 그런 걸 보면서 배웠어요.

박서준 그래요? 대단하네요. 그런데 레나 씨는 어떤 일을 계기로 한국어 공부를 시작하게 됐어요?

레나 사실 저는 일본 애니메이션에 관심이 많아서 일본으로 유학을 가려고 준비하고 있었거든요. 그런데 유학을 일주일 앞두고 갑자기 큰 교통사고가 나서 다리가 부러지는 바람에 유학이 취소되고 집 안에 꼼짝없이 갇혀 지내게 된 거예요.

박서준 아이고, 상심이 컸겠어요.

레나 처음엔 그랬죠. 그런데 집에서 할 일이 없어서 매일 일본과 관련된 영상들을 찾아보다가 한 K-Pop 아이돌의 도쿄 공연 영상을 보게 된 거예요. 그 뒤로는 그냥 K-Pop의 세계에 빠져 6개월 동안 한국어를 공부하고 이렇게 한국으로 유학까지 오게 되었네요.

박서준 이런 걸 전화위복이라고 하나요? 그때의 교통사고가 레나 씨를 한국으로 오게 만들었네요?

레나 네, 맞아요. 이런 걸 운명이라고 해야겠죠?

듣기 2

DJ "나는 똑똑한 것이 아니라 단지 문제를 더 오래 연구할 뿐이다." 이 말은 상대성 이론을 발표한 천재 과학자, 알버트 아인슈타인의 말입니다.

DJ 만약 사람들에게 "너도 아인슈타인처럼 대단한 발견을 할 수 있을 거야!"라고 말한다면 사람들은 말도 안 되는 얘기라고 할 지도 모릅니다. 아인슈타인 같은 천재는 태어났을 때부터 비범했을 테니 그런 천재와 평범한 자신을 비교하는 것은 말이 안 된다고 생각하면서 말이죠. 하지만 아인슈타인의 유년기와 성장기는 사람들이 기대하는 천재의 모습과는 많이 달랐습니다.

그는 단순 계산만을 반복하는 수학 문제를 싫어해 수학 문제를 풀 때 항상 실수를 하였으며 암기할 것이 많은 프랑스어와 그리스어 과목에서는 겨우 낙제를 면했다고 합니다. 그리고 대학교도 두 번의 도전 끝에 간신히 합격했습니다.

그랬던 아인슈타인이 세계를 깜짝 놀라게 한 과학적 이론을 발표하고 사람들에게 천재로 인정받을 수 있었던 이유는 무엇일까요? 그것은 아마 삶에 대한 그의 태도 때문이었을 것입니다. 어린 시절 실수투성이에 심지어는 게으르고 머리가 좋지 않다는 얘기를 듣던 아인슈타인이지만 좋아하고 관심 갖는 일이 생기면 원하는 결과를 얻을 때까지 포기하지 않고 몇 날 며칠을 그일에 몰두했습니다. 그리고 누구도 따라올 수 없는 결과를 만들어 냈죠.

또한 그는 "한 번도 실수를 해보지 않은 사람은 한 번도 새로운 것을 시도한 적이 없는 사람이다"라고 말하면서 실수나 실패를 두려워하지 말고 도전할 것을 사람들에게 당부했습니다.

포기하지 않고 끝까지 노력하는 그의 꾸준함. 그리고 실패를 두려워하지 않고 도전하는 마음. 그것이 우리가 알고 있던 세계적인 천재의 성공 비결이었던 것입니다. 비범했던 천재의 지극히 평범했던 비결.

우리를 천재로 만들지 못하는 것은 우리가 가지고 태어난 지적 능력이나 재능이 아니라, 삶에 대한 우리의 태도 때문이 아닐까요? 새로운 경험과 실패를 두려워하지 마세요. 그리고 원하는 결과를 얻을 때까지 타협하거나 포기하지 마세요. 그러면 어느새 당신은 아인슈타인 같은 천재가 되어 있을지도 모릅니다.

천재가 되고 싶은 DJ 배정수와 함께 4월18일 뮤직 캠퍼스 이제 출발하겠습니다.

1-3 TOPIK 유형으로 확인하기

듣기

1.

남자 이제 곧 대학교를 졸업하는데 아직도 진로를 못 정해서요. 저는 앞으로 어떤 일을 하는 게 좋을까요?

여자 코가 긴 걸 보니 야망도 크고 리더십도 아주 강하겠네요. 괜히 회사 같은 데 들어가서 스트레스 받지 말고 그냥 자기 사업을 시작하는 게 좋을 겁니다.

2.

여자 서준 씨, 왜 계속 한숨을 쉬어요. 무슨 안 좋은 일 있어요?

남자 얼마 전에 와우 전자 인턴 사원에 지원을 했는데 방금 문자로 불합격 통보를 받았거든요.

3-4.

DJ "나는 똑똑한 것이 아니라 단지 문제를 더 오래 연구할 뿐이다." 이 말은 상대성 이론을 발표한 천재 과학자, 알버트 아인슈타인의 말입니다. 또

한 그는 "한 번도 실수를 해보지 않은 사람은 한 번도 새로운 것을 시도한 적이 없는 사람이다"라고 말하면서 실수나 실패를 두려워하지 말고 도전할 것을 사람들에게 당부했습니다. 포기하지 않고 끝까지 노력하는 그의 꾸준함. 그리고 실패를 두려워하지 않고 도전하는 마음. 그것이 우리가 알고 있던 세계적인 천재의 성공 비결이었던 것입니다. 비범했던 천재의 지극히 평범했던 비결. 우리를 천재로 만들지 못하는 것은 우리가 가지고 태어난 지적 능력이나 재능이 아니라, 삶에 대한 우리의 태도 때문이 아닐까요? 새로운 경험과 실패를 두려워하지 마세요. 그리고 원하는 결과를 얻을 때까지 타협하거나 포기하지 마세요. 그러면 어느새 당신은 아인슈타인 같은 천재가 되어 있을지도 모릅니다.

CHAPTER 2

언어와 사고

2-1 한국어의 특징

듣기 1

카 린 한국어를 배운 지 꽤 오래됐는데도 한국어 공부는 여전히 어렵고 힘들어요. 물론 처음 배우기 시작했을 때를 생각하면 이만큼 하게 된 것도 대단하다고… 저를 칭찬해 주고 싶지만요.

파비우 저도 그래요. 그래도 카린 씨는 한자를 알고 있으니까 단어 공부는 쉽게 할 수 있었겠지만 저는 글자부터 발음, 문법까지 모두 생소했을뿐더러 단어를 외우는 것도 너무 어려웠거든요.

카 린 맞아요. 특히 고급이 돼서 단어가 많아질수록 파비우 씨처럼 한자를 모르는 친구들은 더 힘들었을 것 같아요. 그렇다고 제가 파비우 씨보다 한국어를 더 잘하는 건 아니지만요. 단어를 좀 더 쉽게 외울 수 있었던 것 말고는 어려운 것투성이였어요.

파비우 그러게 말이에요. 특히 높임말이 어렵잖아요. 그래서인지 아무리 배워도 제대로 쓰지는 못하는 것

같아요. 며칠 전에도 선생님께 "저는 잘 모르겠는데 다른 학생한테 여쭤보세요."라고 말했더니 웃으시면서 "네, 다른 학생한테 여쭤볼게요." 하시더라고요. 그땐 잘 몰랐는데 나중에 생각해 보니 뭔가 제가 실수를 해서 웃으신 것도 같고… 아무튼 어려워요.

카 린   저도 마찬가지예요. 게다가 학교에서 배운 것하고 다르게 말하는 경우도 많아서 뭐가 맞는지 헷갈릴 때도 있고요. 병원에 갔을 때 간호사가 "카린 님, 진료실로 들어오실게요."라고 해서 제가 잘못 들었다고 생각했거든요. 그런데 다른 곳에 가니까 또 "손님, 잠시만 기다리실게요." 하더라고요.

파비우   그렇죠? 저도 카페에서 "주문하신 음료 나오셨습니다."라고 해서 한국 친구한테 저 말 이상하지 않냐고 했더니 그냥 손님한테 하는 말이니까 그럴 거라고 하면서 이상하게 생각하지 않았어요.

카 린   어디 높임말뿐이에요? 줄여서 쓰는 말은 왜 그리 많고 호칭은 어찌나 다양한지… 한국어의 세계란 알면 알수록 끝이 없는 것 같아요.

듣기 2

강사   한국 문화를 경험해 본 외국인들에게 가장 낯설고 불편했던 경험을 꼽으라면 대부분 초면에 나이를 묻는 일이라고 답합니다. 이들에게는 다소 무례하게까지 느껴지는 이러한 행동이 한국 사회에서 자연스럽게 여겨지는 이유는 한국어의 높임법과 관계가 있습니다. 한국어 높임법의 일차적인 사용 기준은 나이이며 나이에 따라 상대방에게 존댓말이나 반말을 하거나 또는 자신이 그런 말을 들어야 하기 때문입니다.

하지만 한국어의 높임법은 단순히 청자와 화자의 나이로만 구분되는 것이 아닌 보다 체계적인 기준에 따라 작동하는데 크게 주체 높임법, 객체 높임법, 상대 높임법, 이렇게 세 가지로 나뉩니다. 먼저 주체 높임법이란 문장의 주어와 화자인 나와의 관계에 따라 사용되는 것으로 주어가 화자보다 윗사람일 때 조사를 바꿔 사용하고 서술어에 '-시-'를 붙여 쓰며, 경우에 따라서는 서술어를 바꿔서 사용하기도 합니다. 다음으로 객체 높임법은 문장의 목적어와 부사어에 해당하는 사람과 화자와의 관계에 따라 사용하는 것으로 그 사람이 화자보다 윗사람일 때 조사를 바꾸거

나 일부 서술어를 바꿔서 사용하는 것입니다. 예를 들어 부사어나 목적어가 '아버지'일 경우 '에게'나 '한테' 대신에 '께'를 사용하며 '만나다' 대신에 '뵙다'를 사용해야 합니다. 마지막으로 상대 높임법은 현재 대화 상황의 화자와 청자, 즉 나와 상대방과의 관계에 따라 사용하는 것으로 앞서 나이를 묻는 행동이 바로 이 상대 높임법과 관계가 있다고 할 수 있습니다. 상대 높임법은 대표적으로 서술어의 종결 형태를 달리 하여 표현하는데 상황에 따라 격식체와 비격식체로 나누어 사용합니다. 우리가 알고 있는 존댓말 '-아요/어요'와 반말 '-아/어'의 형태가 대표적인 비격식체 상대 높임법입니다. 이들 높임법 중 가장 주의해야 할 것은 상대 높임법이라고 할 수 있는데 상대 높임법은 현재 눈앞에 있는 상대에게 직접 표현하는 것이므로 자칫 잘못하면 불쾌감을 줄 수도 있기 때문입니다.

한국어는 높임법에 따라 존댓말을 사용하고 이는 상대방에 대한 존중과 예의의 표현이라고 볼 수 있습니다. 하지만 높임법에는 존댓말뿐만 아니라 반말도 동시에 존재하기 때문에 존댓말과 반말의 사용에 따라 관계의 위계가 생기고 차별을 인식할 수도 있습니다. 이처럼 언어로 표현되고 있는 차별적 사고가 과연 바람직한 것인지에 대해서는 우리 모두 생각해 볼 필요가 있을 것 같습니다. 왜냐하면 언어와 사고는 불가분의 관계이기 때문입니다.

2-3 TOPIK 유형으로 확인하기

듣기

1.

여자   부장님께 무슨 실수라도 한 거예요? 화가 많이 나셨던데요.

남자   오늘까지 제출해야 할 서류가 있었는데 깜빡했지 뭐예요.

2.

카린   한국어를 배운 지 꽤 오래됐는데도 한국어 공부는 여전히 어렵고 힘들어요. 물론 처음 배우기 시작했을 때를 생각하면 이만큼 하게 된 것도 대

단하다고… 저를 칭찬해 주고 싶지만요.

파비우 저도 그래요. 그래도 카린 씨는 한자를 알고 있으니까 단어 공부는 쉽게 할 수 있었겠지만 저는 글자부터 발음, 문법까지 모두 생소했을뿐더러 단어를 외우는 것도 너무 어려웠거든요.

카린 맞아요. 특히 고급이 돼서 단어가 많아질수록 파비우 씨처럼 한자를 모르는 친구들은 더 힘들었을 것 같아요. 그렇다고 제가 파비우 씨보다 한국어를 더 잘하는 건 아니지만요. 단어를 쉽게 외울 수 있었던 것 말고는 어려운 것투성이었어요.

3-4.

강사 한국어의 높임법은 단순히 청자와 화자의 나이로만 구분되는 것이 아닌 보다 체계적인 기준에 따라 작동하는데 크게 주체 높임법, 객체 높임법, 상대 높임법, 이렇게 세 가지로 나뉩니다. 먼저 주체 높임법이란 문장의 주어와 화자인 나와의 관계에 따라 사용되는 것으로 주어가 화자보다 윗사람일 때 조사를 바꿔 사용하고 서술어에 '–시–'를 붙여 쓰며, 경우에 따라서는 서술어를 바꿔서 사용하기도 합니다. 다음으로 객체 높임법은 문장의 목적어와 부사어에 해당하는 사람과 화자와의 관계에 따라 사용하는 것으로 그 사람이 화자보다 윗사람일 때 조사를 바꾸거나 일부 서술어를 바꿔서 사용하는 것입니다. 마지막으로 상대 높임법은 현재 대화 상황의 화자와 청자, 즉 나와 상대방과의 관계에 따라 사용하는 것으로 앞서 나이를 묻는 행동이 바로 이 상대 높임법과 관계가 있다고 할 수 있습니다. 상대 높임법은 대표적으로 서술어의 종결 형태를 달리 하여 표현하는데 상황에 따라 격식체와 비격식체로 나누어 사용합니다. 우리가 알고 있는 존댓말 '–아요/어요'와 반말 '–아/어'의 형태가 대표적인 비격식체 상대 높임법입니다. 이들 높임법 중 가장 주의해야 할 것은 이 상대 높임법이라고 할 수 있는데 상대 높임법은 현재 눈앞에 있는 상대에게 직접 표현하는 것이므로 자칫 잘못하면 불쾌감을 줄 수도 있기 때문입니다.

말하기

기자 요즘 '요린이, 주린이'라는 표현을 자주 들어 보셨을 겁니다. 어린이의 '～린이'를 붙여 처음 시작하는 초보자를 부르는 말로 사용하고 있는데요. 그런데 이러한 표현은 어린이가 불완전하고 미숙하다는 의미의 차별적 표현이라며 사용을 자제해야 한다는 목소리가 높습니다. 그러나 한편으로는 초보자를 귀엽게 부르는 말일 뿐 어린이를 비하하는 표현이라는 것은 좀 무리한 해석이라는 의견도 많습니다.

CHAPTER 3
음식과 문화

3-1 음식의 유래

듣기 1

진행자 교수님, 기후에 따라 요리 방법이 다르게 발달했을 것 같은데 설명 좀 해 주시겠습니까?

교수 네, 간단하게 추운 러시아와 덥고 습한 태국을 예로 들어 보겠습니다. 러시아는 겨울이 길어서 신선한 채소를 구하기 어려운 탓에 채소를 익혀 먹는 요리가 발달했습니다. 이 사진을 한번 보시죠. 이건 러시아 사람들이 즐겨 먹는 올리비에 샐러드인데요. 당근, 콩, 감자 등을 익혀 마요네즈에 섞어서 먹는데 생채소가 귀하다 보니 익힌 재료로 샐러드를 만들게 된 것이지요. 또 다른 특징으로는 고열량 음식이 많다는 점입니다. 체온을 따뜻하게 유지해야 하기 때문에 고기 요리와 유제품, 기름에 튀긴 음식 등이 발달했습니다.

진행자 사진을 보니 맛있어 보이는데 한국인들의 입맛에도 잘 맞을까요?

교수 제 생각에는 러시아 음식을 처음 먹어 보는 사람도 아마 부담 없이 먹을 수 있을 것 같습니다. 더운 지역에서는 음식이 상하지 않도록 요리할 때 향신료나 소금을 많이 사용하는데 추운 러시아에서는 그럴 필요가 없다 보니 대체로 간이 세지 않거든요.

진행자 그렇군요. 저도 기회가 되면 먹어 봐야겠습니다. 이제 그럼 태국 음식 이야기로 넘어가 볼까요?

교수 네, 태국은 기온이 높고 습해서 음식이 상하기 쉽기 때문에 향신료를 넣은 음식이 발달했습니다. 향신료는 살균 효과가 있다고 알려져 있거든요. 그리고 소화를 도와 식욕이 떨어지지 않도록 도와줍니다. 태국의 음식은 대체로 맛과 향이 강한 편인데요. 그 대표적인 음식이 똠얌꿍입니다. 똠얌꿍은 새우와 다양한 채소, 향신료를 넣고 끓인 태국의 전통 수프인데 이 하나의 음식에서 매운맛, 신맛, 단맛, 짠맛 등을 모두 느낄 수 있지요.

듣기 2

강사 지역마다 그 지역의 특색을 반영한 대표적인 음식이 있습니다. 그 예를 하나만 꼽으라면 바로 비빔밥을 들 수 있는데요. 한국인들 열에 아홉은 비빔밥하면 '전주비빔밥'을 떠올릴 만큼 전주는 비빔밥으로 유명합니다. 오늘은 이와 같이 지역명과 음식명이 하나의 이름으로 굳어진 음식을 소개할까 합니다.

진행자 벌써 여러 음식의 이름이 떠오르는데요. 먼저 소개해 주실 음식은 무엇인가요?

강사 첫 번째 소개할 음식은 춘천 닭갈비입니다. 춘천의 닭갈비는 닭고기와 매콤한 양념, 각종 채소, 떡, 고구마 등을 넣고 철판에 볶아 먹는 음식입니다. 1960년대에는 양념에 재운 닭고기를 돼지갈비처럼 숯불에 굽는 방식으로 조리되었고 점차 우리가 알고 있는 철판 닭갈비의 형태로 변화되었습니다. 춘천에는 1970년대부터 형성된 유명한 닭갈비 골목이 있는데, 그 지역에 양계장이 많았기 때문에 닭갈비가 유명해질 수 있었다고 합니다. 맛은 물론이고 양도 푸짐해서 남녀노소를 막론하고 누구에게나 사랑 받고 있는 닭갈비. 춘천을 여행할 때 닭갈비 골목에도 한번 들러 보시면 좋습니다.

진행자 저도 춘천에 유명한 닭갈비 골목이 있다기에 몇 번 가 본 적이 있는데 춘천 닭갈비의 유래에 대해서는 이번에 처음 알게 되었네요. 자, 그럼 다음은 어느 지역 음식인가요?

강사 다음으로 소개할 음식은 평양의 대표 음식인 평양냉면입니다. 냉면은 조리 방법에 따라 크게 물냉면과 비빔냉면으로 나뉘는데 예로부터 사람들은 물냉면 중에서 가장 맛있는 냉면으로 평양냉면을 꼽았습니다. 평양냉면은 메밀로 만든 삶은 면에 차가운 동치미 국물이나 고기 육수를 붓고 다양한 고명을 얹은 음식으로 주로 평양 사람들이 겨울철에 즐겨 먹는 음식이었습니다. 그러다 6.25 전쟁 이후 피란민들에 의해 남쪽으로 전해지면서 대중적인 음식으로 자리매김하게 되었습니다. 국물의 심심함과 메밀 면의 구수함이 평양냉면의 매력이라고 할 수 있는데요. 이런 맛 때문에 호불호가 갈리기도 합니다. 하지만 다양한 맛을 경험해 보고 싶다면 한번 드셔 보시길 추천합니다.

진행자 오늘은 춘천 닭갈비와 평양냉면을 소개해 주셨는데 이 외에도 지역을 대표하는 음식이 참 많죠?

강사 네, 안동 찜닭, 나주 곰탕, 남원 추어탕, 부산 돼지국밥, 수원 갈비, 의정부 부대찌개 등 그 지역의 역사와 문화를 담고 있는 음식들이 아주 많습니다. 그러니 여행을 하게 되면 그 지역 대표 음식을 꼭 맛보세요. 그 음식이 왜 유명한지, 어떤 배경을 담고 있는지 알고 맛본다면 더욱 알찬 여행을 할 수 있을 것입니다.

3-3 TOPIK 유형으로 확인하기

듣기

1.

여자 아까 인터넷을 하다가 우연히 김치찌개 끓이는 영상을 보게 됐는데 정말 맛있어 보이더라. 지금 해 먹을까?

남자 좋아. 그런데 돼지고기가 없는데. 집에 햄이라도 있는지 찾아봐야겠다.

여자 아, 돼지고기가 없어? 잠깐 기다려 봐. 내가 얼른 나가서 사 올게.

남자 알았어. 그럼 난 다른 재료를 준비하고 있을게.

2.

여자 교수님, 러시아 음식이 한국인들의 입맛에도 잘 맞을까요?

남자 제 생각에는 러시아 음식을 처음 먹어 보는 사람도 아마 부담 없이 먹을 수 있을 것 같습니다. 더운 지역에서는 음식이 상하지 않도록 요리할 때 향신료나 소금을 많이 사용하는데 추운 러시아에서는 그럴 필요가 없다 보니 대체로 간이 세지 않거든요.

3-4.

남자 냉면은 조리 방법에 따라 크게 물냉면과 비빔냉면으로 나뉘는데 예로부터 사람들은 물냉면 중에서 가장 맛있는 냉면으로 평양냉면을 꼽았습니다. 평양냉면은 메밀로 만든 삶은 면에 차가운 동치미 국물이나 고기 육수를 붓고 다양한 고명을 얹은 음식으로 주로 평양 사람들이 겨울철에 즐겨 먹는 음식이었습니다. 그러다 6.25 전쟁 이후 피란민들에 의해 남쪽으로 전해지면서 대중적인 음식으로 자리매김하게 되었습니다. 국물의 심심함과 메밀 면의 구수함이 평양냉면의 매력이라고 할 수 있는데요. 이런 맛 때문에 호불호가 갈리기도 합니다. 하지만 다양한 맛을 경험해 보고 싶다면 한번 드셔 보시길 추천합니다.

CHAPTER 4
주거 문화의 변화

4-1 한옥의 구조

듣기 1

〈부동산 사무실에서〉

중개인 한옥을 찾고 계신다고요? 한옥은 매물이 많지 않은데요. 특별히 원하시는 구조나 다른 조건이 있으시면 말씀해 주세요.

손님 글쎄요, 저도 한옥은 처음이라 다른 건 잘 모르겠는데요. 저랑 아내가 둘 다 집에서 일을 하다 보니 각자의 작업실로 꾸밀 수 있는 공간이 있었으면 좋겠어요. 화장실도 두 개가 있었으면 싶고요.

중개인 그럼 방이 세 개 이상은 필요하시겠네요. 마침 서재까지 해서 방이 총 네 개에 가운데 마당도 꽤 넓은 ㅁ자 모양의 한옥 매물이 한 채 나와 있는데요. 한 번 가서 보시겠어요?

손님 아, 그런데 마당이 너무 넓은 집이라면 저희한테는 안 맞을 것 같아요. 아시다시피 마당을 관리

하는 데는 손도 많이 갈뿐더러 비용도 많이 들 테니까요.

중개인 네, 그러시군요. 한옥의 큰 매력 중에 하나가 집 가운데 있는 마당을 예쁘게 꾸며 놓고 보는 거라서요. 특히 아이들이 뛰어 놀 공간이 필요한 경우에는 가운데 마당을 두고 있는 ㅁ자나 ㄷ자 모양의 한옥을 많이 찾으시더라고요.

손님 저희는 아직 아이도 없고 두 식구라서요. 마당의 활용도가 별로 높지 않을 것 같아요.

중개인 아, 그럼 맞으실 것 같은 집이 있기는 한데... ㄱ자 모양의 아담한 한옥인데 방은 두 개밖에 없지만 작은 방과 주방 쪽에 다 마루가 붙어 있어서요. 마루는 꾸미기 나름이니까 작업실로도 사용하실 수 있을 거예요. 화장실도 두 개가 있고요. 같이 가서 보시겠어요?

손님 네, 그런 구조라면 괜찮을 것 같은데요. 그 집을 한 번 보겠습니다.

듣기 2

사회자 오늘은 30년 넘게 한옥을 짓고 연구하시면서 최근 '숨 쉬는 집, 살아 있는 한옥'이라는 책을 펴내신 유정수 선생님을 모시고 한옥에 대한 말씀을 들어보겠습니다.

강연자 여러분, 안녕하세요. 전통 문화는 우리가 그것을 제대로 이해하고 또 보전하기 위해 애쓰지 않는 한 잊혀지기 십상이죠. 한옥도 마찬가지일 겁니다. 그래서 오늘은 여러분들에게 한옥이 어떤 집인지 좀 더 자세히 소개하고자 합니다.

이 사진에서 보시다시피, 한옥이라고 하면 안채, 사랑채, 마당 등이 떠오르실 텐데요. 아마 드라마나 책을 통해 이런 이름은 들어봤어도 각각의 장소가 어떤 역할을 하는지는 잘 모르실 겁니다. 그럼 선조들의 지혜와 삶이 가득 담겨있는 한옥의 구조부터 좀 살펴볼까요? 먼저 여기 대문을 들어가면 바로 보이는 건물이 사랑채입니다. 사랑채는 남자가 머무는 공간인데 집에 오는 손님을 대부분 여기에서 맞이했기 때문에 사랑채의 마루에는 특별한 가구를 두지 않고, 구석에 탁자 정도를 놓았습니다. 다음 장소는 중문을 한 번 더 열고 들어가면 보이는 안채입니다. 안채는 집의 중심이 되는 곳으로 방과 큰 마루인 대청, 부엌 등 다양한 공간으로 되어 있습니다. 사랑채와

는 다르게 여성들이 지내는 공간이며, 시어머니가 사는 안방, 며느리가 머무는 건넌방, 할머니가 머무는 아랫방이 있습니다. 그리고 안채의 맞은편으로 보이는 행랑채는 하인들이 머무는 공간인데요. 주로 곡식이나 살림 등을 보관하는 장소였던 곳간과 함께 붙여서 짓기도 했습니다. 그 밖에도 저 위쪽으로 사당이 보이시죠? 조상을 모시기 위해 지은 저 사당과 건물마다 따로 두고 여러 집안 행사와 생활에 다양하게 활용했던 마당들이 한옥의 주요한 공간이라고 할 수 있습니다.

이러한 공간들로 이루어진 한옥의 가장 큰 특징은 난방을 위한 온돌과 냉방을 위한 마루가 균형 있게 결합된 구조를 갖추고 있다는 점인데요. 이러한 구조는 사계절이 공존하는 한반도의 더위와 추위를 동시에 해결하기 위해 고안된 것으로 독특하기 그지없는 건축 양식이라고 생각합니다. 또한 한옥의 지붕에서 건물보다 밖으로 나와 있는 부분을 처마라고 하고 그 처마의 끝부분을 추녀라고 하는데요. 처마는 건물이 비를 맞지 않게 해서 한옥의 주재료인 나무가 젖는 것을 막아주는 기능을 하고, 곡선을 그리며 위로 올라간 추녀는 햇빛이 나무 기둥에 들게 하여 젖은 나무가 마르도록 하는 기능을 했는데 이들은 한옥의 미적 특성에도 큰 영향을 주었습니다.

4-3 TOPIK 유형으로 확인하기

듣기

1.

남자 나는 다음 역에서 내리면 돼.

여자 벌써? 전에는 집에 갈 때 시청역에서 내렸잖아.

남자 응, 뭐니 뭐니 해도 학교에서 가까운 집이 제일인 것 같아서 지난주에 이사를 했어.

2.

여자 한옥의 공간들이 각각 어떤 역할들을 했는지 잘 모르는 분들이 많으실 텐데요. 설명해 주시겠어요?

남자 네. 먼저 대문을 들어가면 바로 보이는 사랑채는 남자가 머무는 공간인데 집에 오는 손님을 대부분 여기에서 맞이했습니다. 다음으로 중문을 한 번 더 열고 들어가면 보이는 안채는 여성들이 지

내는 공간으로 방과 대청, 부엌과 같은 공간으로 이루어져 있습니다. 그리고 안채의 맞은편으로 보이는 행랑채는 하인들이 머무는 공간인데 주로 곡식이나 살림 등을 보관하는 장소였던 곳간과 함께 붙여서 짓기도 했습니다.

3-4.

여자 한옥을 찾고 계신다고요? 한옥은 매물이 많지 않은데요. 특별히 원하시는 구조나 다른 조건이 있으시면 말씀해 주세요.

남자 글쎄요. 저도 한옥은 처음이라 다른 건 잘 모르겠는데요. 저랑 아내가 둘 다 집에서 일을 하다 보니 각자의 작업실로 꾸밀 수 있는 공간이 있었으면 좋겠어요. 화장실도 두 개가 있었으면 싶고요.

여자 그럼 방이 세 개 이상은 필요하시겠네요. 마침 서재까지 해서 방이 총 네 개에 가운데 마당도 꽤 넓은 ㅁ자 모양의 한옥 매물이 한 채 나와 있는데요. 한 번 가서 보시겠어요?

남자 아, 그런데 마당이 너무 넓은 집이라면 저희한테는 안 맞을 것 같습니다. 아시다시피 마당을 관리하는 데는 손도 많이 갈뿐더러 비용도 많이 들 테니까요.

말하기

남자 최근 쾌적한 삶에 대한 욕구가 높아지면서 집을 선택하는 기준도 변화하고 있습니다. 주택문화연구원의 조사 자료를 통해 미래 주거 선택의 요인이 무엇인지 알아보았습니다.

CHAPTER 5

한국의 미

5-1 한복의 디자인

듣기 1

점원 한복을 어떻게 입는지 방법은 알고 계신가요?

외국인 제가 한복을 처음 입어 보는 거라서요. 가르쳐 주시면 좋을 것 같아요.

점원 그럼 제가 설명을 좀 하면서 진행해 드릴게요. 한복을 입을 때 많은 외국 분들이 저고리부터 먼저 입는 실수를 하곤 하는데요. 우선 속바지와 속치마를 입고 그 위에 겉치마를 입고 나서야 저고리를 입을 수 있습니다. 자, 먼저 여기 속바지를 입으시고요.

외국인 네, 다 입었어요. 그럼 이제 치마를 입으면 되는 건가요?

점원 네, 먼저 속치마를 입고 겉치마를 입으시면 됩니다. 보시다시피 폭이 넓은 데다가 주름이 많아서 풍성하고 우아함이 느껴지지요. 게다가 발을 모두 가릴 정도로 깁니다.

외국인 꼭 드레스를 입는 기분이에요.

점원 네, 저고리는 시대별로 길이와 품에 차이가 있었지만 치마는 꾸준히 넉넉하고 여유로운 아름다움을 선호했지요. 좌식 생활에 편리하기도 했고요. 여기 치마 윗부분을 보시면 끈이 있지요? 치마를 잘 여며서 묶을 수 있도록 하는 끈인데 이 끈에 장신구인 노리개를 달면 더 곱고 아름답습니다.

외국인 정말 예쁘네요. 얼른 저고리도 입고 싶어요.

점원 네, 여기 저고리를 보시면 소매가 현대의 티셔츠나 블라우스와 달리 아랫부분이 새의 날개처럼 둥글게 생겼지요? 직선과 곡선이 만나 아름다움을 만들어 냅니다. 그리고 소매 끝에는 끝동이라고 해서 저고리와 다른 색으로 된 천을 이어 달았어요. 혹시 〈옷소매 붉은 끝동〉이라는 한국의 사극을 알고 계시나요?

외국인 네, 보지는 않았는데 친구가 재밌다고 이야기해 줬어요.

점원 그 드라마의 제목에 있는 붉은 끝동이 바로 이 끝동입니다. 전에는 한복의 색깔이나 끝동의 색으로 자신의 처지를 표현했다고도 해요. 자 이제 고름을 매 볼까요? 여기 앞쪽에 기다랗고 폭이 좁은 두 줄의 고름이 있지요? 한쪽에만 고리를 만들어서 고름을 매면 되는데 처음 매시면 어려울 테니 제가 매 드릴게요.

듣기 2

남자 전에도 전통 혼례를 본 적 있어요?

여자 아뇨, 처음 봐요. 신랑 신부 옷이 아름답고 화려하기 이를 데 없네요. 신랑이 입은 옷이 사모관대이고 신부가 입은 옷이 활옷 맞나요?

남자 잘 알고 있네요. 그런데 신랑이 쓴 까만색 모자를 사모라고 하는데 저 모자와 옷을 모두 포함해서 궁에서 관리들이 입던 옷차림을 사모관대라고 불러요.

여자 관리들이 입던 옷이요? 그럼 일반인들도 관복을 입을 수 있었던 거예요?

남자 전통적으로 혼례에서는 본인의 신분보다 높은 신분의 옷을 입을 수 있도록 허용해 줬거든요. 혼례를 올리는 남자가 실제 관리가 아니더라도 인생에 한 번밖에 없는 날이니까 관복을 입는 걸 허락해 줬다고 해요. 옷이 날개라고 관복을 입고 혼례를 올리면 더 멋있어 보여서 그런 게 아닐까 싶어요.

여자 그럼 신부가 입은 활옷은요? 저 옷도 왠지 높은 신분의 사람들이 입었던 옷일 것 같은데요.

남자 맞아요. 원래는 조선 시대 공주의 예복으로 쓰이던 옷인데요. 저 옷도 사모관대와 마찬가지로 혼례에는 일반 여성들도 입을 수 있게 왕이 허락해 줬대요.

여자 저렇게 화려하고 고급스러운 옷을 만들려면 굉장히 오랜 시간이 걸렸을 것 같아요.

남자 그럼요. 붉은 빛깔의 비단을 만드는 데도 여러 과정을 거쳐야 했을뿐더러 그 비단옷에 나비와 꽃, 여러 동물들을 한 땀 한 땀 수놓는 데 엄청난 정성이 들어갔다고 해요.

여자 혼례를 올릴 때마다 일일이 저런 옷을 만들려면 너무 힘들었겠는데요. 지금은 결혼식 때만 잠깐 웨딩드레스를 빌려 입기도 하잖아요.

남자 하하, 조선 시대에도 저렇게 화려한 옷을 만드는 건 힘든 일이었기 때문에 잘 사는 집에서 빌려 입거나 옷을 대여해 주는 가게에서 빌려 입었다고 해요.

여자 와, 진짜요? 예나 지금이나 예복을 빌려 입는 건 비슷했네요. 그런데 돈이 많아도 저렇게 정성 들여 만든 옷을 혼례 때 한 번만 입고 다시는 못 입었을 걸 생각하니 좀 아깝다는 생각도 들어요.

남자 음, 사실 꼭 한 번만 입었던 건 아니에요. 혼례 때 입은 옷이 그 사람이 입었던 옷 중에 가장 좋은 옷인 경우에는 장례 때 수의로 입혔다는 이야기도 있거든요.

5-3 TOPIK 유형으로 확인하기

듣기

1.

여자 남자 한복은 간단하게 저고리와 바지로 나눌 수 있습니다. 남자 저고리에도 끝동, 동정, 깃, 고름이 있습니다. 바지는 통이 넓어 활동하기에 여유롭거니와 좌식 생활에도 불편함이 없습니다. 허리에 허리띠를 둘러 바지를 고정하고 발목에 대님이라는 끈을 두어 발목 부분도 묶을 수 있게 했습니다. 외출할 때 남자는 저고리와 바지를 가리도록 현대의 코트에 해당하는 두루마기를 입는데 세배를 하거나 차례, 제사 등을 지낼 때에도 입는 것이 예의라고 합니다.

2.

남자 저고리는 시대별로 길이와 품에 차이가 있었지만 치마는 꾸준히 넉넉하고 여유로운 아름다움을 선호했지요. 좌식 생활에 편리하기도 했고요. 여기 치마 윗부분을 보시면 끈이 있지요? 치마를 잘 여며서 묶을 수 있도록 하는 끈인데 이 끈에 장신구인 노리개를 달면 더 아름다워요.

여자 정말 예쁘네요. 얼른 저고리도 입고 싶어요.

남자 네, 여기 저고리를 보시면 소매가 현대의 티셔츠나 블라우스와 달리 아랫부분이 새의 날개처럼 둥글게 생겼지요? 직선과 곡선이 만나 아름다움을 만들어 냅니다.

3-4.

남자 신랑이 쓴 까만색 모자를 사모라고 하는데 저 모자와 옷을 모두 포함해서 궁에서 관리들이 입던 옷차림을 사모관대라고 불러요.

여자 관리들이 입던 옷이요? 그럼 일반인들도 관복을 입을 수 있었던 거예요?

남자 전통적으로 혼례에서는 본인의 신분보다 높은 신분의 옷을 입을 수 있도록 허용해 줬거든요. 혼례를 올리는 남자가 실제 관리가 아니더라도 인생에 한 번밖에 없는 날이니까 관복을 입는 걸 허락해 줬다고 해요. 옷이 날개라고 관복을 입고 혼례를 올리면 더 멋있어 보여서 그런 게 아닐까 싶어요.

여자 그럼 신부가 입은 활옷은요? 저 옷도 왠지 높은 신분의 사람들이 입었던 옷일 것 같은데요.

남자 맞아요. 원래는 조선 시대 공주의 예복으로 쓰이던 옷인데요. 저 옷도 사모관대와 마찬가지로 혼례에는 일반 여성들도 입을 수 있게 왕이 허락해 줬대요.

여자 저렇게 화려하고 고급스러운 옷을 만들려면 굉장히 오랜 시간이 걸렸을 것 같아요.

남자 그럼요. 붉은 빛깔의 비단을 만드는 데도 여러 과정을 거쳐야 했을뿐더러 그 비단옷에 나비와 꽃, 여러 동물들을 한 땀 한 땀 수놓는 데 엄청난 정성이 들어갔다고 해요.

여자 혼례를 올릴 때마다 일일이 저런 옷을 만들려면 너무 힘들었겠는데요. 지금은 결혼식 때만 잠깐 웨딩드레스를 빌려 입기도 하잖아요.

남자 하하, 조선 시대에도 저렇게 화려한 옷을 만드는 건 힘든 일이었기 때문에 잘 사는 집에서 빌려 입거나 옷을 대여해 주는 가게에서 빌려 입었다고 해요.

여자 와, 진짜요? 예나 지금이나 예복을 빌려 입는 건 비슷했네요. 그런데 돈이 많아도 저렇게 정성 들여 만든 옷을 혼례 때 한 번만 입고 다시는 못 입었을 걸 생각하니 좀 아깝다는 생각도 들어요.

말하기

여자 요즘 사람들은 전통 한복을 잘 안 입는 것 같아요.

남자 맞아요. 아름답긴 한데 계단을 오르내리거나 대중교통을 이용할 때 불편한 면이 있으니까요. 대신에 요즘은 전통 한복보다는 생활 한복을 많이 입는 것 같아요.

여자   소매와 치마 길이가 짧은 생활 한복을 한복이라고 할 수 있을까요? 우리가 전통적으로 알고 있는 한복과는 거리가 먼 것 같은데요.

CHAPTER 6

한국의 교육

6-1 한국인의 교육열

듣기 1

남자   역사적 인물 중에서 훌륭한 어머니의 롤 모델로 누구를 꼽겠냐고 물어본다면 많은 한국의 어머니들은 중국의 유명한 사상가 '맹자'의 어머니와 조선 시대의 명필 '한석봉'의 어머니를 꼽을 것입니다. 이들 두 어머니는 각자의 교육 철학으로 자식을 훌륭하게 키워낸 것으로 유명합니다.

맹자는 어렸을 때 홀어머니 밑에서 자랐습니다. 처음에 이들은 공동묘지 근처에서 살았는데 어린 맹자는 그곳에서 무덤을 만들고 상여꾼들을 흉내 내며 놀았습니다. 이 모습을 본 맹자의 어머니는 그곳이 아이를 키우기에 적당한 곳이 아니라고 생각하고 이사를 했습니다. 맹자의 어머니는 이후에도 맹자의 교육을 위해 총 3번 이사하였는데 이를 일컬어 '맹모삼천지교'라고 말합니다. 그 옛날에도 맹자의 어머니는 좋은 환경이 좋은 인재를 길러내는 법이라는 사실을 알고 있었던 것입니다. 이와는 다르게 한석봉의 어머니는 엄격한 교육 방식으로 유명합니다. 떡 장사를 하던 한석봉의 어머니는 살림이 어려운데도 아들을 10년 동안 유학 보냅니다. 한석봉은 집을 떠난 지 3년이 지나자 어느 정도 공부를 끝마쳤다는 생각에 약속한 10년을 채우지 않고 집으로 돌아왔는데 3년 만에 집으로 돌아온 아들을 보고 어머니는 반가워하기는커녕 공부를 마치지 못한 아들을 훈계하고 왔던 곳으로 돌려보냅니다.

한국의 부모들에게 이 두 어머니의 일화가 유명한 이유는 교육을 위해 좋은 환경이 필요하다는 것과 한번 시작한 일은 끝내도록 자식을 엄하게 가르쳐야 한다는 교육 철학을 배울 수 있기 때문입니다. 자식이 잘되길 바라는 부모의 마음과 희생 정신이 담겨 있는 이 일화들은 현대 한국의 부모들에게도 많은 영향을 끼치고 있습니다.

듣기 2

사회자   유아교육과 이민선 교수님과 아동심리 상담센터 김규진 원장님 두 분을 모시고 영유아 조기 교육에 대해 이야기 나눠 보도록 하겠습니다. 먼저 평소에 영유아 조기 교육의 중요성에 대해서 자주 강조하시는 이민선 교수님의 이야기를 들어보도록 하겠습니다.

이민선   많은 분들이 아시다시피 외국어 교육은 어린 시절에 해야 그 효과가 극대화되는 법입니다. 영유아의 경우 언어를 어렵지 않게 배우지만 사춘기 이후에는 외국어를 익히는 데 시간이 좀 더 걸립니다. 8~9세가 넘어가면 뇌가 언어를 습득이 아닌 학습의 대상으로 받아들이기 때문입니다. 이러한 뇌의 변화는 언어뿐만 아니라 악기나 그림, 운동 같은 것들을 배울 때도 마찬가지입니다. 나이가 들수록 교육의 효과는 더 떨어지고 같은 효과를 내기 위해서는 더 많은 시간과 비용을 들여야 하기 때문에 경제적으로도 비효율적이라고 할 수 있습니다.

김규진   물론 조기 교육이 아이들의 재능을 일찍 발견해서 키워 주는 데에 도움이 되는 면도 있겠지요. 하지만 과도한 조기 교육이 오히려 뇌 발달을 저하시킨다는 연구 결과를 보신 적은 없으십니까? 한 연구에 따르면 영유아 시기는 오감 활동을 통해 대뇌뿐만 아니라 여러 뇌를 골고루 자극해야 하는데 이 시기에 과도한 외국어 교육이나 수학 교육으로 인지 능력을 향상시키는 데에만 집중하면 고른 뇌 발달을 방해할 수 있습니다.

이민선   잘 지적해 주셨습니다. 하지만 이는 조기 교육이라고 하면 한글이나 영어, 수학 같은 과목을 가르치는 인지 교육만을 생각하는 오해에서 시작되었다고 생각됩니다. 조기 교육이 지식을 습득하는 인지 교육만을 의미하는 것은 아닙니다. 아이의 사고력, 창의력, 집중력 더 나아가서 인성이나 사회성을 길러주는 비인지적 교육도 영유아 조기 교육에 포함되는 것입니다. 말씀하신 오감 학습 등이 포함된 적절한 교육으로 비인지적 능력을 키워 주는 것도 조기 교육의 중요한 역할이라고 생각하는데요. 이에 대해서 어떻게 생각하십니까?

김규진 말씀하신 비인지적 능력을 키우는 조기 교육에 대해서는 저도 반대하지 않습니다. 다만 교육열이 높은 다수의 학부모들이 조기 교육을 선행 학습의 개념으로 생각하고 나중에 학교에서 배울 국어, 영어, 수학 등의 교과목 위주로 사교육을 시키는 것이 현재 조기 교육의 문제점인 거지요. 더욱 심각한 것은 일찍부터 사교육을 경험한 아이들은 스트레스로 인한 우울증과 불안 증세를 보이며 자기 주도 학습 능력이 떨어진다는 겁니다. 고학년으로 올라갈수록 스스로 계획하고 실천하면서 학습하는 능력이 중요한데 이 능력이 떨어지면 공부가 점점 더 힘들어질 수밖에 없습니다.

사회자 네, 정말 열띤 토론이 진행되고 있는데요. 이제 한 번씩만 더 질의응답을 주고받고 각자의 의견을 정리해 주시면 감사하겠습니다.

6-3 TOPIK 유형으로 확인하기

듣기

1.

남자 교육부의 보고에 따르면 최근 10년 동안 대안 학교의 수가 꾸준히 증가해 왔다고 합니다. 대안 학교란 일반적인 교육 형태에서 벗어나 학생이 중심이 되는 학교를 말하는데요. 학부모들을 대상으로 조사한 결과 대안 학교를 선택한 이유에 대해 '다양한 교육 과정 때문'이라고 응답한 사람이 가장 많았으며 '자유로운 분위기가 좋아서'와 '자녀의 인성 교육을 위해서'라는 대답이 그 뒤를 이었습니다.

2.

아들 어머니, 저 돌아왔어요.

엄마 아니, 석봉아. 10년 동안 공부하기로 했는데 왜 벌써 돌아왔느냐?

아들 어머니, 제가 3년 동안 공부를 해 봤는데 이 정

도면 충분한 것 같아서 돌아왔습니다. 어머니 얼굴도 보고 싶었고요.

엄마 나도 많이 보고 싶었다. 하지만 하던 공부는 끝마치고 와야 할 게 아니냐.

아들 10년이란 기간이 중요한 게 아니라 얼마나 열심히 공부했는지가 더 중요하다고 생각합니다. 저 정말 열심히 공부하고 돌아왔습니다.

엄마 그래? 그럼 그동안 얼마나 공부했는지 한번 시험해 봐야겠다.

3-4.

여자 조기 교육이라고 하면 한글이나 영어, 수학 같은 과목을 가르치는 인지 교육이라고 오해하시는데요. 조기 교육이라고 하는 것이 반드시 지식을 습득하는 인지 교육만을 의미하는 것은 아닙니다. 아이의 사고력, 창의력, 집중력 더 나아가서 인성이나 사회성을 길러 주는 비인지적 교육도 영유아 조기 교육에 포함되는 것입니다. 오감 학습 등이 포함된 적절한 교육으로 비인지적 능력을 키워 주는 것도 조기 교육의 중요한 역할이지요.

남자 말씀하신 비인지적 능력을 키우는 조기 교육에 대해서는 저도 반대하지 않습니다. 다만 교육열이 높은 다수의 학부모들이 조기 교육을 선행학습의 개념으로 생각하고 나중에 학교에서 배울 국어, 영어, 수학 등의 교과목 위주로 사교육을 시키는 것이 현재 조기 교육의 문제점이라고 할 수 있겠습니다.

말하기

남자 영유아를 대상으로 하는 외국어 조기 교육은 영유아의 소아 우울증을 유발하거나 모국어 습득을 저해하고 심한 경우 언어 장애까지 초래할 수 있대요.

여자 그런 건 부모가 너무 과하게 조기 교육을 시키는 일부 아이들에 해당되는 이야기 아닐까요? 그런 부작용을 걱정하기보다는 영유아 때부터 외국어를 가르쳤을 때 얻을 수 있는 효과에 대해서 생각해야지요. 한 살이라도 더 어릴 때 외국어를 배우는 게 더 효과가 크다고 하잖아요.

색인

쓰기 연습용 원고지

200–300자 연습

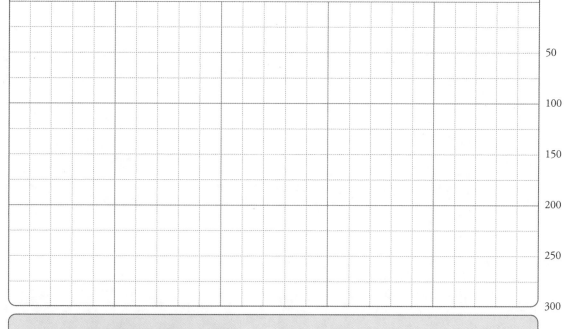

50
100
150
200
250
300

쓰기 연습용 원고지

200–300자 연습

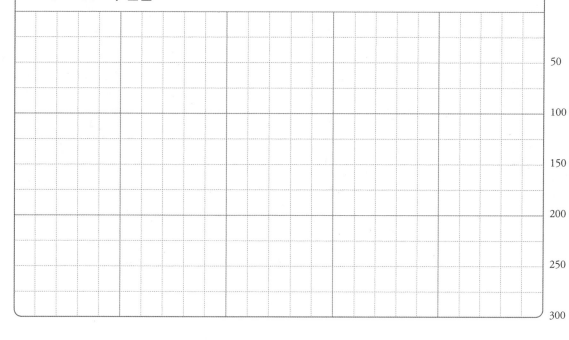

50
100
150
200
250
300

절취선

쓰기 연습용 원고지

600-700자 연습

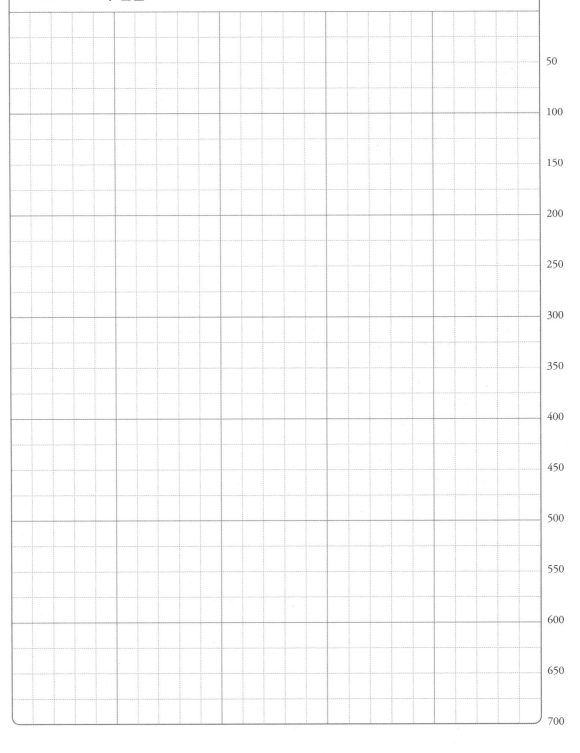

50
100
150
200
250
300
350
400
450
500
550
600
650
700

쓰기 연습용 원고지

200-300자 연습

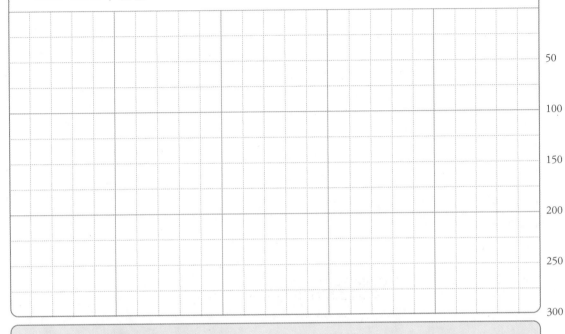

50
100
150
200
250
300

쓰기 연습용 원고지

200-300자 연습

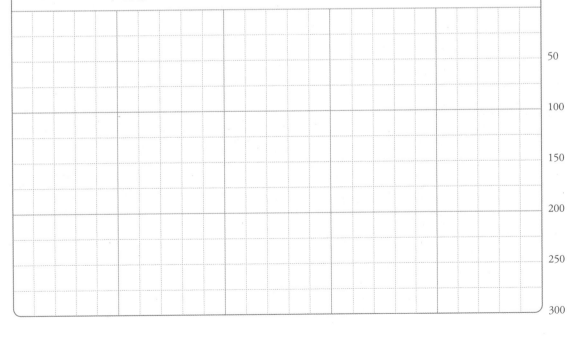

50
100
150
200
250
300

쓰기 연습용 원고지

600-700자 연습

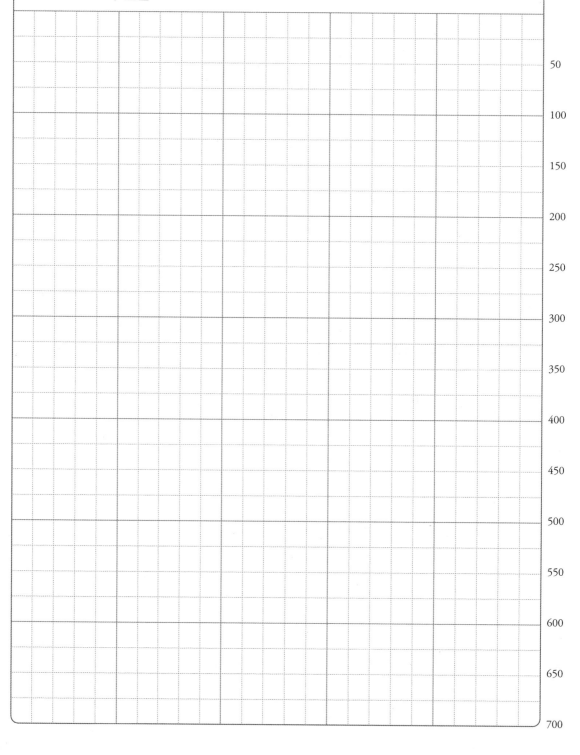

쓰기 연습용 원고지

200–300자 연습

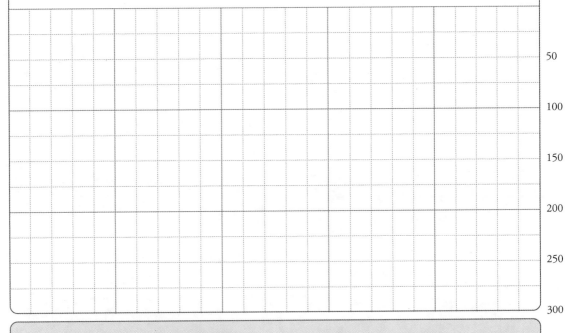

50
100
150
200
250
300

쓰기 연습용 원고지

200–300자 연습

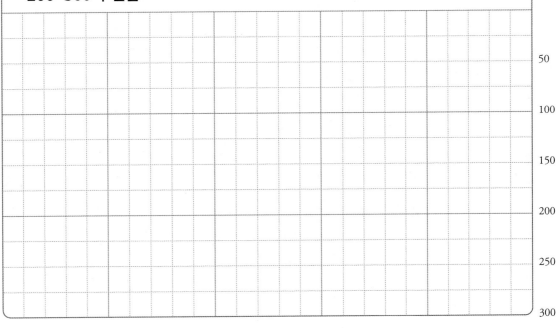

50
100
150
200
250
300

쓰기 연습용 원고지

600-700자 연습

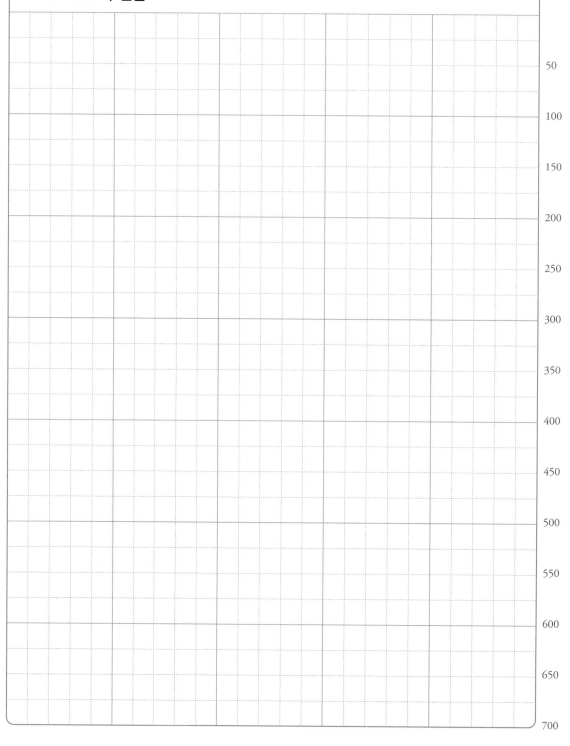

50
100
150
200
250
300
350
400
450
500
550
600
650
700

쓰기 연습용 원고지

200-300자 연습

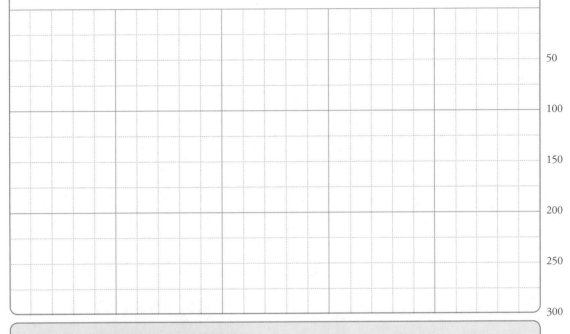

50
100
150
200
250
300

쓰기 연습용 원고지

200-300자 연습

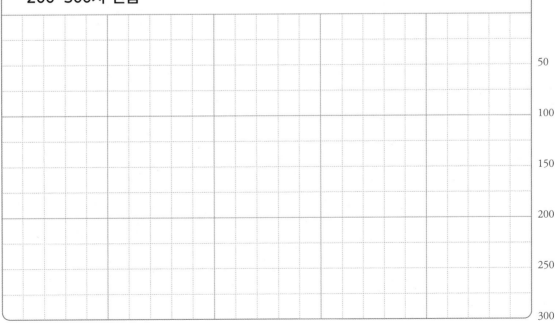

50
100
150
200
250
300

쓰기 연습용 원고지

600-700자 연습

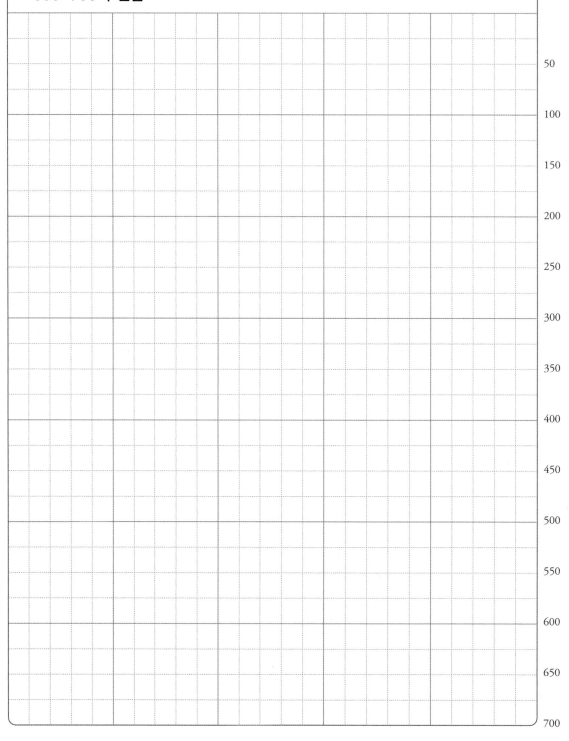

50
100
150
200
250
300
350
400
450
500
550
600
650
700

쓰기 연습용 원고지

200-300자 연습

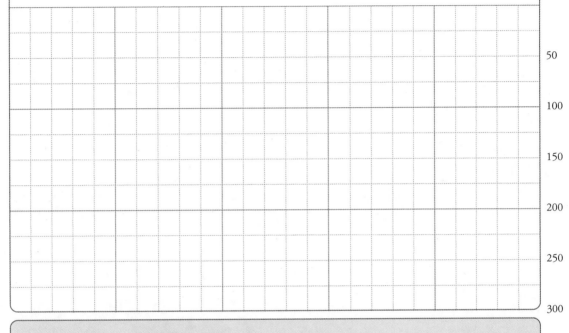

쓰기 연습용 원고지

200-300자 연습

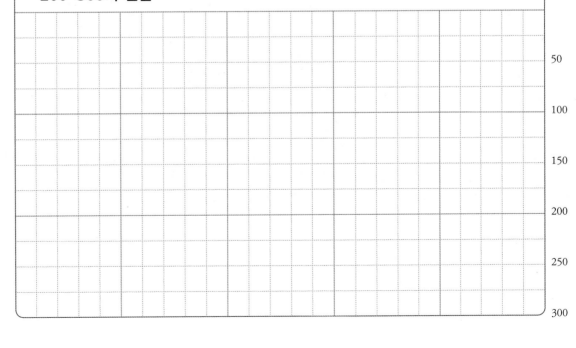

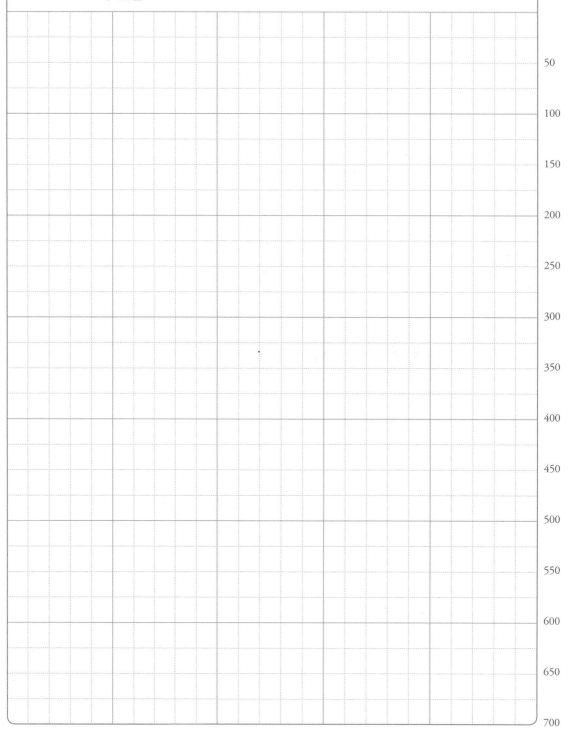

쓰기 연습용 원고지

600-700자 연습

50
100
150
200
250
300
350
400
450
500
550
600
650
700

쓰기 연습용 원고지

200-300자 연습

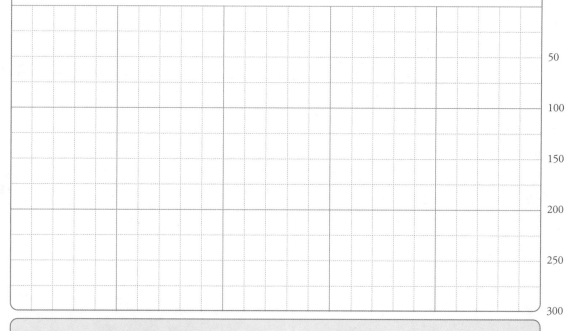

50

100

150

200

250

300

쓰기 연습용 원고지

200-300자 연습

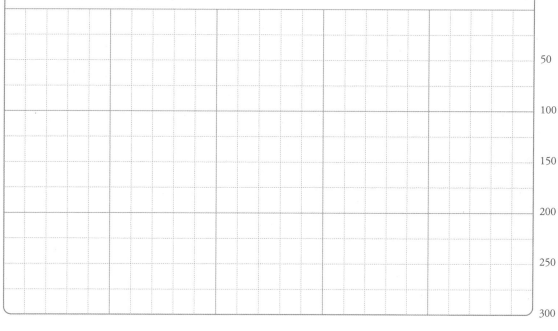

50

100

150

200

250

300

쓰기 연습용 원고지

600-700자 연습

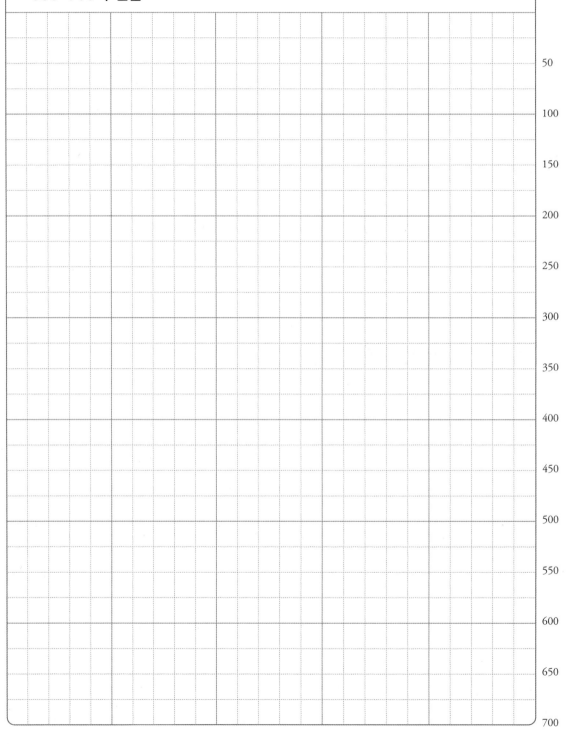

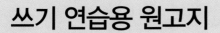
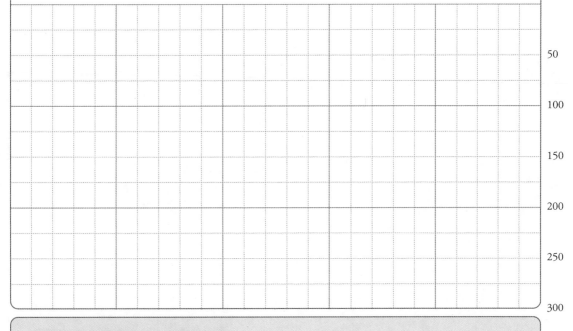

쓰기 연습용 원고지

200–300자 연습

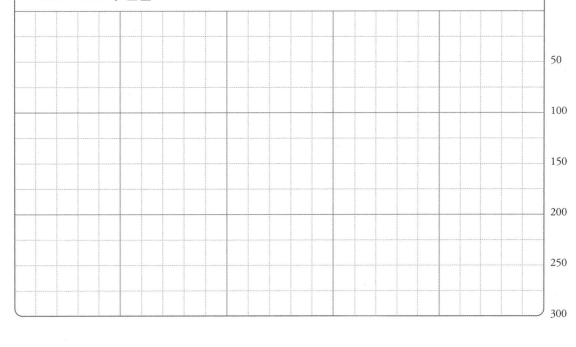

쓰기 연습용 원고지

200–300자 연습

쓰기 연습용 원고지

600-700자 연습

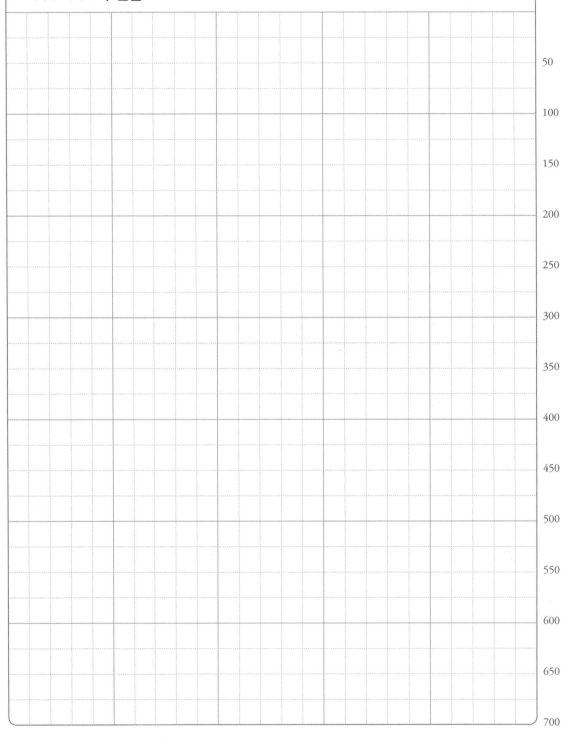

50
100
150
200
250
300
350
400
450
500
550
600
650
700

쓰기 연습용 원고지

200-300자 연습

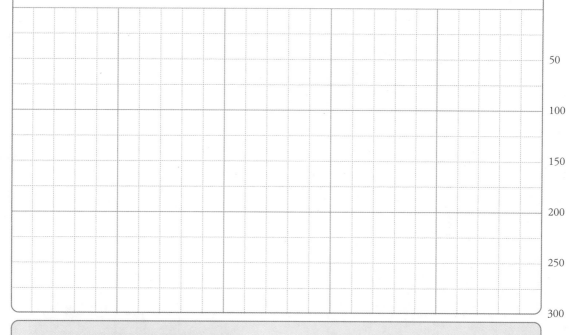

50
100
150
200
250
300

쓰기 연습용 원고지

200-300자 연습

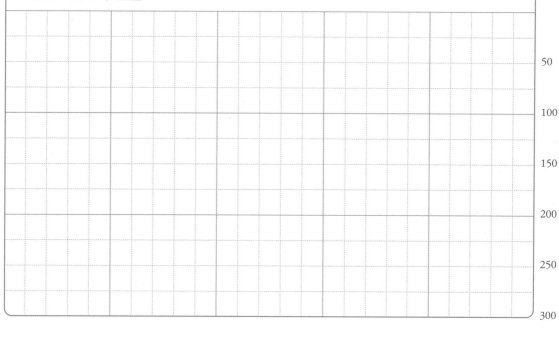

50
100
150
200
250
300

쓰기 연습용 원고지

600-700자 연습

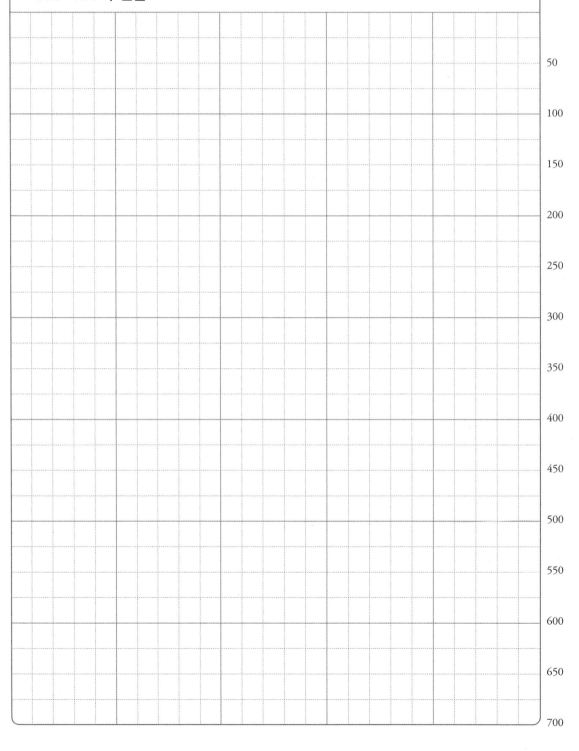

50
100
150
200
250
300
350
400
450
500
550
600
650
700

Hi! KOREAN 5A
Student's Book

지은이 구민영, 박선영, 안용준, 이현숙, 정은화
펴낸이 정규도
펴낸곳 (주)다락원

초판 1쇄 인쇄 2025년 2월 4일
초판 1쇄 발행 2025년 2월 10일

책임편집 이숙희, 한지희
디자인 김나경, 안성민
일러스트 지창훈
번역 및 감수 Isabel Kim Dzitac
이미지 출처 shutterstock, iclickart

다락원 경기도 파주시 문발로 211, 10881
내용 문의 : (02)736-2031 내선 420~426
구입 문의 : (02)736-2031 내선 250~252
Fax : (02)732-2037
출판등록 1977년 9월 16일 제406-2008-000007호

ISBN 978-89-277-3342-3 14710
     978-89-277-3313-3 (set)

http://www.darakwon.co.kr
다락원 홈페이지를 방문하시면 상세한 출판 정보와 함께
MP3 자료 등 다양한 어학 정보를 얻으실 수 있습니다.

Hi! KOREAN

문법·어휘 학습서

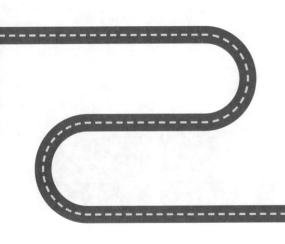

5A

DARAKWON

목차

CHAPTER

 01 삶과 운명

1-1 삶에 대한 태도

1-2 사람의 운명

1-1 삶에 대한 태도

어휘와 표현

듣기 어휘

삶	life	위인	great person/figure
계기	chance, opportunity	일화	anecdote
인생사	life history	좌우명	life motto
몰두하다	to be immersed in	꾸준하다	to be steady
통보하다	to notify	낙제하다	to fail
타협하다	to compromise	당부하다	to request, to beseech
비범하다	to be extraordinary	암기하다	to memorize, to learn by heart
대기만성	late bloomer	티가 나다	to become obvious
새옹지마	ups and downs in life	풀이 죽다	to droop
전화위복	blessing in disguise		

4

기타 어휘

특출나다	to be eminent	경기	game, match
지극히	extremely	렌터카	rental car
캠퍼스	campus	외곽	suburb
신뢰	trust, confidence	바게트	baguette
소각장	incineration plant	완곡하다	to be euphemistic
공감	empathy	바람	desire, wish
조별	group		

한숨(을) 쉬다	to sigh	단지	only, just
인턴사원	intern staff	상대성 이론	theory of relativity
(일이) 풀리다	to be solved	유년기	childhood
탈락하다	to fail	성장기	period of growth
그나저나	by the way	(낙제를) 면하다	to avoid, to escape
예능	entertainment	간신히	barely, narrowly
맞히다	to guess right, to hit	실수투성이	full of mistakes
애니메이션	animation	심지어	even
꼼짝없이	helplessly	두렵다	to be afraid
갇히다	to be confined, to be trapped, to be locked	비결	secret
상심	grieve	지적	point out
운명	fate, destiny		

1 A/V-(으)ㄹ뿐더러

Used to describe the primary part of an action or state of an object first and then add additional details. Can be used interchangeably with A/V-(으)ㄹ뿐만 아니라, A-(으)ㄴ 데다가, V-는 데다가, etc. without any singnificant difference in meaning.

Ex.
- 우리 학교는 역에서 **가까울뿐더러** 캠퍼스도 넓은 편입니다.
- 최 대리는 항상 제시간에 일을 **끝낼뿐더러** 실수도 없어서 팀장님의 신뢰를 받고 있다.
- 동생은 **내성적일뿐더러** 말도 별로 없어서 평소에 무슨 생각을 하는지 모르겠어요.
- 어제는 날씨가 **추웠을뿐더러** 눈까지 와서 도저히 너를 만나러 갈 수 없었어.

2 A/V-았/었으면 싶다

A euphemistic expression for the speaker's wishes for themselves or the person they are talking to.

Ex.
- 내일은 날씨가 좀 **맑았으면 싶네요.**
- 빨리 경기가 살아나고 물가가 **안정되었으면 싶다.**
- 제가 지금 **이십대였으면 싶을** 때가 있습니다.
- 나는 내 아이들이 미래에 행복한 삶을 **살았으면 싶다.**

Compare!

1. Cannot be used to express the wishes of someone other than the speaker. When euphemistically expressing the wishes of others, A/V-았/었으면 하다 is used.
   - 부모님이 한국에 한 번 **오셨으면 하십니다.**
   - 직원들은 월요일 출근 시간을 좀 **늦췄으면 한다.**

2. A/V-았/었으면 싶다 can also be combined with adjectives and can be used regardless of whether the subject of the sentence and the subject of the desired action are the same. On the other hand, V-고 싶다, used to express hope, can only be combined with verbs and is only used when the subject of the sentence and the subject of the desired action are the same as 나.
   - 나는 친구의 말을 믿고 싶다. → (subject = 나, object of the act that the subject hopes to do = 나)
   - 나는 친구들이 내 말을 믿었으면 싶다. → (subject = 나, object of subject's desired action = 내 친구)

어휘와 표현

읽기 어휘

운(수)	fortune, luck	점	fortune-telling
운명	fate, destiny	관상	physiognomy
운세	fortune, luck	손금	palm lines
점치다	to foresee	포장하다	to exaggerate
분석하다	to analyze	수긍하다	to agree
축적되다	to be accumulated	뒷받침하다	to support
꺼리다	to be reluctant	합리화하다	to rationalize
겹치다	to overlap	재물	wealth, property
길하다	to be lucky	존재감	presence, existence
띠	Chinese zodiac sign (a traditional classification scheme based on the lunar calendar that assigns one of twelve animals to each year)		

기타 어휘

다잡다	to determine	정직원	full-time employee
섣부르다	to be hasty	요령(을) 피우다	to take shortcuts
외지	secluded area	열린 결말	open ending
실마리	clue	해석하다	to comprehend, to interpret
미대	College of Fine Arts	투자가	investor
외교적	diplomatic	수명	lifespan
해결책	solution	수준	level
주름	wrinkle	설득력	persuasive power
종합적	overall, comprehensive	타당성	validity
이마	forehead	그럼에도	yet, nevertheless
야망	ambition	편견	prejudice
호기심	curiosity	통념	common idea
사고방식	way of thinking	생김새	appearance, features
채우다	to fill in	성품	nature, temperament
덜다	to cut down, to reduce	당연시	for granted
흉악범	brutal criminal	힌트	hint
물의	criticism	규정하다	to define

문법

1 V-노라면

Indicates that the continuation of an earlier event or situation will naturally lead to a later state, or that you have come to realize that such a thing is possible. Appropriate for people with a lot of experience or seniority to use when conveying the realizations that they have gained through their experiences over time. Semantically interchangeable with V-다가는, etc.

Ex.
- **사노라면** 좋을 때도 있고 안 좋을 때도 있는 거죠.
- 섣부르게 일을 **시작하노라면** 실수를 할 때가 많다.
- 여행을 **하노라면** 예상하지 못한 일이 생기기도 합니다.
- 외지에 나와서 혼자 **지내노라면** 가족의 소중함을 알게 돼요.
- 첫째 아이가 하는 것을 보고 **있노라면** 자기 아빠를 많이 닮았다는 생각이 들어요.

2 V-기 나름이다

Expresses that the outcome of the problem or concern you're worried about depends on how the subject views it or how the subject thinks and acts.

Ex.
- 행복은 **생각하기 나름**이다.
- 자식 교육은 부모가 **하기 나름**입니다.
- 성공과 실패는 자신이 **노력하기 나름**이죠.
- 이 영화는 열린 결말이라서 마지막 장면의 의미는 관객이 **해석하기 나름**이다.

In antecedent clauses that express worry or anxiety, V-느냐 못하느냐는, V-는지 못하는지는, 얼마나(어떻게) V-는가는, etc. can be naturally used.
- 전자 제품을 오래 쓰느냐 못 쓰느냐는 사용하기 나름이다.
- 직장에서 인정을 받을 수 있는지 없는지는 노력하기 나름이다.
- 얼마나 많은 돈을 이 회사에 투자할 것인가는 투자가가 판단하기 나름이다.

읽기 표현

● N에 의해 정해지다

Indicates that something is selected or determined by some criterion. The form N은/는 N에 의해 정해지다 is commonly used.

Ex.
- 대표팀 선발은 지난 대회 **성적에 의해 정해진다**.
- 우리의 앞날은 손금이나 **관상에 의해 정해지는** 것이 아닙니다.

CHAPTER

02 언어와 사고

2-1 한국어의 특징

어휘와 표현

듣기 어휘

주어	subject	부사어	adverb
목적어	object	조사	marker, particle
서술어	predicate		

화자	narrator, speaker	높임	honorification
청자	listener	존댓말	honorifics
차별	discrimination	반말	casual speech
위계	hierarchy	불가분	indivisibility
격식	formality	기준	standard

꼽다	to point out	자칫	nearly, almost
불쾌감	displeasure	초면	the first meeting
생소하다	to be unfamiliar		

기타 어휘

함부로	thoughtlessly, carelessly	내리막길	downhill road
내뱉다	to spit out	특이하다	to be unusual, to be unique
되돌리다	to restore	초면	the first meeting
맞춤법	spelling	통	really, completely
논설문	rhetorical writing, editorial	숙취	hangover

여전히	still	객체	object
여쭈다	to ask (honorific)	일부	part
아무튼	in any case	앞서	in advance, beforehand
진료실	doctor's office	종결	termination
작동하다	to operate	사고	thinking
주체	subject		

문법

1 N(이)란

Used to define or describe an object, to emphasize a situation or feature, or to express a general idea.

> **Ex.**
> - **언어란** 인간의 의사소통 수단이다.
> - **돈이란** 원래 있다가도 없고 없다가도 생기기 마련이에요.
> - **인생이란** 흐르는 물과 같아서 한 번 지나가면 다시 돌아오지 않아요.
> - 아무리 나이가 많은 자식이라도 부모에게 **자식이란** 늘 걱정되는 존재예요.

> **1.** Used in the form of V-기란, which is often used to emphasize a situation or feature.
> - 외국인이 한국어 존댓말을 완벽하게 사용하기란 여간 어려운 일이 아니다.
> - 낯선 곳에서 혼자 살아가기란 생각보다 외롭고 힘든 일이더라고요.
> **2.** N은/는 can be substituted for N(이)란, but N(이)란 signifies the emphasis.

2 A-(으)ㄴ지, V-는지

Used to explain a vague reason or circumstance for the content of the following clause.

> **Ex.**
> - 첸 씨가 요즘 **바쁜지** 통 연락이 없네요.
> - 중요한 이야기를 **하는지** 다들 심각해 보여요.
> - 오늘 **휴무인지** 아무리 전화를 해도 안 받던데요.
> - 친구가 술을 얼마나 많이 **마셨는지** 어제 일을 하나도 기억 못 하더라고요.

> The forms of A/V-아/어서 그런지 and A/V-아/어서인지 are also used.
> - 첸 씨가 요즘 바빠서 그런지 통 연락이 없네요.
> - 너무 더워서인지 올여름에는 장사가 잘 안 돼요.

> **Careful!**
> There is a difference in meaning between A-(으)ㄴ지, V-는지 and A/V-아/어서 그런지, A/V-아/어서인지. A-(으)ㄴ지, V-는지 is used when the speaker is speculating about the situation itself and saying that it might be the reason, whereas A/V-아/어서 그런지, A/V-아/어서인지 is used when the speaker is saying that something the speaker already knows might be the reason.
> - 첸 씨가 요즘 바쁜지 통 연락이 없네요. (아마 바쁜 것 같다)
> - 첸 씨가 요즘 바빠서 그런지 통 연락이 없네요. (바쁜 것을 알고 있다)

어휘와 표현

읽기 어휘

사고력	ability to think	언어 감수성	language sensibility
언어학	linguistics	언어 결정론	linguistic determinism
의사소통	communication		

인식	awareness	경향	tendency
해석	interpretation	분야	area
접촉	contact	존재	existence
장치	device	장애	obstacle
현상	phenomenon	영향	effect, influence

구애를 받다	to get courtship	우선시되다	to be prioritized
끼치다	to cause, to influence	지양하다	to reject
언급하다	to mention		

기타 어휘

수만	tens of thousands	수당	extra pay, bonus
우애를 다지다	to promote friendship	대책	countermeasure
금세	soon	의심스럽다	to be doubtful
터놓다	to open up	무분별하다	to indiscriminate
설령	even if, even though	환절기	change of season
설사	even if, even though	쉬엄쉬엄	taking it easy
운영	management, operation	성의	sincerity
승차	ride	욕먹다	to be reviled
제기되다	to be raised	성인병	adulthood disease
여파	aftereffect	무턱대고	blindly, thoughtlessly
장려금	grant	자세	pose

감옥	prison	물리적	physical
외계	outer space	자체	itself
비행	flight	우아하다	to be elegant, to be graceful
물체	object	논란	controversy, dispute
상공	up in the sky	반박	refute
시도	try, attempt	직면하다	to encounter, to face
체계	system	떼다	to detach
언어권	language group, language area		

문법

1 A/V-(으)ㄹ지라도

Used to express that something will happen regardless of or contrary to the situation or condition presented, even if the situation or condition is acknowledged or assumed. Used to emphasize the speaker's will or thought in the following clause.

Ex.
· 우리는 서로 자란 환경은 **다를지라도** 성향이 비슷해서 금세 친해질 수 있었다.

· 내일 비가 **올지라도** 행사는 예정대로 진행됩니다.

· 동생이 잘못을 **했을지라도** 형인 네가 참았어야지.

· 아무리 부모 자식 **사이일지라도** 터놓지 못할 일도 있기 마련이다.

Also used in the form of 설령/설사 A/V-(으)ㄹ지라도 when speaking hypothetically.

· 설령 동생이 잘못을 했을지라도 형인 네가 참았어야지.

· 그의 말이 설사 거짓일지라도 그를 미워하지는 않겠다.

Careful!

Not used to describe present facts or conditions. However, it can be used to describe the speaker's will or obligation.

· 내가 아무리 사과를 할지라도 그는 화를 풀지 않는다. (×)

· 내가 아무리 사과를 해도 그는 화를 풀지 않는다.

· 아무리 피곤할지라도 숙제를 다 하고 자겠다.

❷ V-기 십상이다

Used to indicate that, given the current state of affairs and degree of likelihood, the situation presented will turn out the way it does as in 십중팔구 (meaning eight or nine out of ten).

Ex.
- 환절기에 얇게 입고 다니면 감기에 **걸리기 십상이다.**
- 스마트폰을 오래 사용하면 눈이 **나빠지기 십상인데** 아이가 말을 안 듣네요.
- 무리해서 하면 금방 **지치기 십상이니** 쉬엄쉬엄하는 게 좋겠어.
- 그렇게 성의 없이 했다가는 **욕먹기 십상이니까** 신경 좀 쓰세요.

십중팔구 is a similar expression. (used to mean almost or definitely, as in "eight or nine our of ten")
- 모르는 번호로 걸려 오는 전화는 십중팔구 광고 전화다.
- 그때 헤어지지 않았더라면 십중팔구 두 사람은 부부가 되었을 것이다.

	V-기 십상이다	V-기 마련이다
Compare!	Means that there is a high probability that something will be a certain state or situation, and is often used to anticipate negative events. • 싸다고 많이 사 놓으면 나중에 **후회하기 십상이다.** • 고생 끝에 낙이 **오기 십상이다.** (×)	Used to express the meaning that it is generally or naturally so. • 싸다고 많이 사 놓으면 나중에 **후회하기 마련이다.** • 고생 끝에 낙이 **오기 마련이다.**

읽기 표현

◉ N에 직면하다, N와/과 직면하다

To experience or encounter something in person.

Ex.
- 그는 생활비 부족이라는 **현실적 문제에 직면했다.**
- 어려운 **상황과 직면했을 때** 멀리 있는 가족보다 주변 사람들이 큰 도움이 되었다.

CHAPTER

03 음식과 문화

3-1 음식의 유래

3-2 현대 사회와 사찰 음식

3-1 음식의 유래

어휘와 표현

듣기 어휘

메밀 면	buckwheat noodles	얹다	to put on
고명	garnish	익히다	to cook
육수	broth	재우다	to marinate
살균	sterilization	심심하다	to taste dull
향신료	spices	구수하다	to be savory
맛보다	to have a taste	조리되다	to be cooked
푸짐하다	to be plentiful	간이 세다	for the taste to be strong
대중적	popular	특색	distinct feature
대표적	typical	형성되다	to be formed
유래	origin		

14

기타 어휘

호불호가 갈리다	to be polarizing	여하	on
보양식	healthy food	엄하다	to be strict
손꼽히다	to be considered	지위	status
(꽃이) 지다	to fall off	국내외	domestic and foreign
발효	fermentation	전자 기기	electronic equipment
효과적	effective	눈을 떼다	to take one's eye's off
동서양	East and West	정부	government
징표	sign	고위직	high-ranking position
사태	situation, state	인사	figure, personage
고하	rank	피하다	to escape, to avoid
공정하다	to be fair	해당하다	to correspond, to apply
동서고금	all ages and countries	세대	generation

생채소	raw vegetable	철판	iron plate
귀하다	to be valuable	숯불	charcoal fire
고열량	high-calorie	방식	way, method
체온	body temperature	양계장	poultry farm
유제품	dairy product	예로부터	from old times
대체로	generally	동치미	dongchimi (radish water kimchi)
넘어가다	to skip, to pass	피란민	refugees
똠얌꿍	Tom Yam Kung	자리매김하다	to be positioned
떠올리다	to recollect	담다	to put something in
굳어지다	to become strong	알차다	to be substantial
각종	of every kind		

1 A-다기에, V-ㄴ/는다기에

Used to show that the speaker did something in the following sentence based on what they heard from someone else as the basis or reason for their judgment. The subject of the following sentence is usually in the first person. It is the shortened form of A-다고 하기에, V-ㄴ/는다고 하기에.

Ex.
· 1등을 하면 전액 장학금을 **준다기에** 이 학교를 선택했습니다.

· 수원 화성이 **유명하다기에** 가 봤는데 아주 멋있었고 주변에 볼거리가 많아서 재미있었다.

· 친구가 외국인 등록증을 **잃어버렸다기에** 어떻게 하면 되는지 가르쳐 줬다.

· 평양냉면은 호불호가 갈리는 **맛이라기에** 평소에 먹던 비빔냉면을 주문했어요.

> A-다기에 and V-ㄴ/는다기에 is mostly used in writing, and can be replaced with A-다길래 and V-ㄴ/는다길래 in speaking.
>
> · 한국에서 삼계탕이 여름 보양식으로 손꼽힌다길래 한번 먹어 볼까 해요.
> · 석촌 호수가 벚꽃 구경하기 좋은 장소라길래 가 봤더니 이미 꽃이 다 져 버렸더라고.

> **Careful!**
> Not used before imperatives and propositions.
> · 1등을 하면 전액 장학금을 준다기에 이 학교를 선택하세요. (×)
> · 수원 화성이 유명하다기에 한번 가 볼까요? (×)

2 N을/를 막론하고

Used to express that anything cannot be cared, picked or chosen.

Ex.
· 면 요리는 **동서양을 막론하고** 많은 사람들이 즐겨 먹습니다.

· 반지는 **어느 시대를 막론하고** 사랑의 징표로 사용되었습니다.

· 이번 사태에 대해 **지위 고하를 막론하고** 공정하게 조사할 것이다.

· **이유 여하를 막론하고** 음주 운전자는 엄하게 처벌해야 합니다.

> **Compare!**
> While both N을/를 막론하고 and N을/를 불문하고 have the same meaning of not caring about anything, there is a difference between them as follows.

N을/를 막론하고	N을/를 불문하고
Naturally used with nouns that specifically identify multiple objects.	Naturally used with nouns that meet certain conditions.
· 청바지는 **남녀노소를 막론하고** 편하게 입을 수 있는 옷입니다.	· 실력을 갖추고 있다면 **학력을 불문하고** 직원으로 뽑을 것입니다.
· Frequently used vocabulary: 남녀노소, 동서고금, 동서양, 국내외, 지위 고하, 이유 여하 등	· Frequently used vocabulary: 국적, 나이, 성별, 종교, 학력, 이유, 세대 등

어휘와 표현

읽기 어휘

스님	Buddhist monk	채식주의자	vegetarian
육류	meat	인스턴트 식품	instant food
채식	vegetarian diet	인공 조미료	artificial flavor
과하다	to be excessive	급변하다	to change suddenly
길들다	to be accustomed	치우치다	to be one-sided
누리다	to enjoy	강도(가) 높다	to be intense
수행하다	to practice, to cultivate	뒤처지다	to fall behind
심신	mind and body	최대한	at most
일상적	everyday, routine	최소한	at least
정성껏	with one's whole heart		

기타 어휘

신성하다	to be sacred	명예	honor
사찰	Buddhist temple	만병통치약	cure-all
눈엣가시	annoyance	손질	trimming
사사건건	in every single thing	까다롭다	to be picky
참견하다	to interfere	끼니	meal
약재	medicine	악화되다	to worsen
길조	bird of good luck	면역력	level of immunity
까치	magpie	주목을 받다	to be the center of attention
척도	criterion		
불교	Buddhism	오로지	only, but
본연	natural	제철	in season
지니다	to keep, to carry	식기	dishes, tableware
일반인	ordinary person	행위	act, action
생명 존중 사상	The idea of life esteem	노고	hard work
금하다	to prohibit		

1 N(으)로 여기다

Used to admit or think something is true in mind.

 ・고기가 귀했던 시절에는 순대를 고급 **음식으로 여겼습니다.**

・우리 부모님은 큰언니를 우리 집안의 **자랑으로 여기고** 계신다.

・사찰 음식을 **건강식으로 여기는** 사람들이 많습니다.

> Commonly used with idiomatic expressions.
> ・눈엣가시로 여기다 (Consider an eyesore.)
> 김 대리는 사사건건 참견하는 이 대리를 눈엣가시로 여겼다.
> ・사람 목숨을 파리 목숨으로 여기다 (A human life is worth a fly's life.)
> 그 정치인은 사람 목숨을 파리 목숨으로 여겼다.

2 A/V-거니와

An old-fashioned way to express the acknowledgment of a previous fact while adding to it. Used to say that something is better because of the addition of the previous fact. Often used in the form of N도 A/V-거니와.

 ・이 노래는 가사도 **좋거니와** 따라 부르기도 쉬워서 큰 인기를 얻고 있다.

・한국의 '탕' 요리는 조리 시간도 오래 **걸리거니와** 재료 손질도 까다로워서 만들기 쉽지 않다.

・사업 실패로 **돈도 돈이거니와** 가까운 사람들까지 잃고 말았다.

> The form of N은/는 물론이거니와 can be used to acknowledge that something is true without having to restate what happened before.
> ・이 식당은 맛은 물론이거니와 분위기와 서비스도 아주 좋네요.
> ・영화가 성공하려면 감독의 연출력은 물론이거니와 배우의 연기력도 뛰어나야 한다.

> Careful!
> Not used before imperatives and propositions.
> ・이 노래는 가사도 좋거니와 따라 부르기도 쉬워요. (O)
> ・이 노래는 가사도 좋거니와 따라 부르세요. (×)

O N에 주목하다 / N(으)로 주목을 받다

N에 주목하다 means that people are interested in something and look at it carefully, while N(으)로 주목을 받다 means to draw attention to something as an object.

 ・사람들이 녹차의 암 예방 **효과에 주목하기** 시작했다.

・드라마 촬영지였던 이곳은 최근 새로운 **관광지로 주목을 받고** 있다.

CHAPTER

04 주거 문화의 변화

4-1 한옥의 구조

4-2 현대의 주거 생활

4-1 한옥의 구조

어휘와 표현

듣기 어휘

안방	main room	대청	main floored room
서재	library, study	마당	yard, garden
마루	floor	곳간	storeroom

아담하다	to be neat	공존하다	to co-exist
짓다	to build	고안하다	to design, to invent
보전하다	to preserve	젖다	to get wet
머물다	to stay	마르다	to dry

곡선	curve	지붕	roof
양식	style, pattern	추녀	corners of the eaves
온돌	Korean floor heating system		

기타 어휘

늘어서다	to stand in line	미적	aesthetic
고요하다	to be silent	처마	eaves
산속	deep in the mountains	짐작하다	to estimate
변덕스럽다	to be unpredictable	목격하다	to witness
조화롭다	to be harmonious	인내심	patience
소개팅	blind date	대사	dialogue, speech, lines
구어적	colloquial	폭행	assault
상냥하다	to be friendly	확정	confirmation, decision

매물	(sales) listing	조상	anscestor
작업실	workroom	균형	balance
지혜	wisdom	결합	combination
구석	corner	기둥	pillar, column
살림	housestuff		

문법

1 A-기 그지없다

Used to indicate that the degree of a characteristic or trait is indescribably great or very severe. Able to be used in both positive and negative contexts.

- 정말 오랜만에 고향 친구들을 만나니 **반갑기 그지없었다**.
- 그 식당의 사장님은 언제 봐도 **친절하기 그지없는** 분이에요.
- 산속에서 길을 잃었을 때 날씨도 춥거니와 어두워서 **무섭기 그지없었습니다**.
- 한국 문화의 상징인 한옥이 점점 사라져 가는 모습이 **안타깝기 그지없다**.

1. −기 is followed by the marker 가 to form A-기가 그지없다 or N은/는 그지없다 retains the lexical meaning of 그지없다(끝이 없다).
- 그곳의 여름 날씨는 변덕스럽기가 그지없었다.
- 자식에 대한 부모의 사랑과 희생은 그지없다.

2. 그지없다 can be changed to the adverbial form 그지없이. However, in this case, in actual speech, 한이 없이 or 한없이 can be used, which is the adverbial form of 한이 없다 with the same meaning of 그지없다.
- 부모는 자식을 그지없이 사랑한다.
- 한옥이 점점 사라져 가는 모습이 한없이 안타까웠다.

Careful!

Only the base of an adjectve can be preceded by A-기 그지없다. Therefore, if the state the refers to is in the past, A-기 그지없었다 should be used, which is the past form of 그지없다.
- 작년 한국 여행에서 만났던 사람들은 모두 친절했기 그지없다. (×)
- 2년간의 군대 생활은 지루하기 그지없었습니다. (○)

2 V-다시피

Used to convey the meaning of how something is, such as what the listener knows, hears or sees. Used only in combination with some cognitive verbs such as 보다, 듣다, 알다, 짐작하다, etc.

- 이미 **들었다시피** 이번 중간고사는 보고서로 대신합니다.

- 제가 **말했다시피** 내일부터 학교 축제가 시작됩니다.

- 언어의 차이가 **아시다시피** 사고의 차이를 만들기도 하죠.

> In the case that all participants in the conversation can see, hear or know the situation or condition, it is possible to omit the following sentence and end with V-다시피(요).
> - 가 방은 이제 좀 깨끗하게 정리가 된 거야?
>   나 응, 보다시피.
> - 가 회사의 자금 사정이 얼마나 안 좋은 겁니까?
>   나 짐작하시다시피요. 회사의 매출이 계속 떨어지고 있다는 걸 잘 알고 계시잖아요.

Careful!

1. The verb 알다 usually means the act of knowing transpired at some point in the past, even if the result of the act of knowing was not continuing in the present, so the form 알았다시피 is not used.
   - 이미 알았다시피/아셨다시피 농촌 인구가 급격히 감소하고 있습니다. (×)
   - 이미 알다시피/아시다시피 농촌 인구가 급격히 감소하고 있습니다. (○)

2. There are some words that can be used colloquially with V-다시피 even if they are not cognitive verbs. However, in this case, it is more natural to replace it with V-(으)ㄴ/는 것처럼, which has a similar meaning to V-다시피.
   - 여러분도 먹어 봤다시피 김치에는 다양한 맛이 존재합니다.
     → 여러분도 먹어 본 것처럼 김치에는 다양한 맛이 존재합니다.
   - 4급에서도 그랬다시피(그렇게 했다시피) 5급에서도 열심히 해 주세요.
     → 4급에서도 그런 것처럼(그렇게 한 것처럼) 5급에서도 열심히 해 주세요.

어휘와 표현

읽기 어휘

산업화	industrialization	초기	beginning
근대화	modernization	옛날식	old-fashioned
단절	discontinuity	인구 집중	concentration of the population
특수하다	to be unusual, to be special	제한하다	to limit
낡다	to be old	전망하다	to overlook
공급하다	to supply	해소하다	to resolve, to relieve
되팔다	to resell	나아가다	to advance, to proceed
건축물	building, structure	입주	moving in
단지	complex	중심부	central area
대규모	large scale		

기타 어휘

급속도	high speed	특기	specialty
집중되다	to be concentrated	롤 모델	role model
공동	joint, communal	고집스럽다	to be headstrong
산업	industry	결혼기념일	wedding anniversary
암	cancer	인상 깊다	to blow one's mind
초소형	microscopic	터전	base, site of living
간편식품	processed food	보물	treasure
질병	illness, disease		
환영	welcome	유일하다	to be sole
연탄	coal briquette	지리학자	geographer
단독 주택	detached house	외부인	outsider
면적	area, dimensions	동의하다	to agree, to approve

1 V-(으)ㅁ에 따라서

Means that the preceding situation caused the following effect to occur. Often used in public and formal speech to indicate that a change in the number or amount of the preceding situation is proportional to a change in the number or amount of the following situation.

Ex.
- 노인 인구가 **증가함에 따라** 관련 산업도 발전하게 되었다.
- 날씨가 **추워짐에 따라** 아이스크림의 판매량이 감소했어요.
- 주택 문제 등이 **심각해짐에 따라** 도시를 떠나는 사람들이 늘고 있다.

 Some Sino-Korean vocabulary such as 증가, 감소, 확대, etc. that already imply some kind of change can also be used as nouns by adding 에 따라 in front of them.
- 청년 실업의 증가에 따라 대학 재학 기간이 늘어나고 있다.
- 개인 스마트폰의 사용 확대에 따라 공중전화를 찾아보기가 힘들게 되었다.

Careful! Not possible to use with V-았/었음에 따라서 even though the preceding change occurred in the past. The tense can be indicated at the end of the sentence.
- 지난 10년간 출산율이 감소했음에 따라 초등학생 수도 크게 줄어들었다. (×)
- 지난 10년간 출산율이 감소함에 따라 초등학생 수도 크게 줄어들었다. (○)

Compare! Similar to N(으)로 인해(서) in that the preceding situation causes the following to happen, but they have their own unique features, as shown below.

	V-(으)ㅁ에 따라(서)	N(으)로 인해(서)
Usage	Any state or act that is in the nature of change • 기상 상황이 **악화됨에 따라** 오후부터 공항이 폐쇄되었다.	A concept or object that has already been determined • **태풍으로 인해** 사흘간이나 공항이 폐쇄되었다.
Combination	Usually used in the form of V-(으)ㅁ에 따라(서) to combine with verbs, and sometimes with 에 따라(서) for some nouns that have the meaning of change. • 해외여행자 수가 **늘어남에 따라** 여행 상품의 종류도 다양해지고 있다. • 해외여행자 수의 **증가에 따라** 여행 상품의 종류도 다양해지고 있다.	Usually used in the form of N(으)로 인해서 to combine with nouns, and sometimes with V-(으)ㅁ으로 인해서 for some verbs. • 나는 외국어 **공부로 인해** 내 삶이 변화되었다고 생각한다. • 나는 외국어를 **배움으로 인해** 내 삶이 변화되었다고 생각한다.

N이자

Used to describe how something has two features at the same time. Usually indicates that something has one qualification along with another.

 • 요리는 제 **취미이자** 특기입니다.

• 그 사람은 인정받는 **가수이자** 배우이다.

• 고집스러운 면이 있다는 것이 그 친구의 **장점이자** 단점이지.

> In addition to the N이자 N이다, it is also used in the following forms of a sentence to indicate certain features, qualifications, relationships, etc.
> • 부모님이 걱정하실까 봐 처음이자 마지막으로 부모님께 거짓말을 하기로 했다.
> • 김 대리는 내게 직장 동료이자 먼 친척이 된다.

> **Compare!** Possible to be used interchangeably with N이면서 with a similar meaning. However, N이자 tends to present the noun that comes before it as a more basic qualification or feature than N이면서.
> • 그분은 내 한국어 선생님이자 한국에서 가장 친한 친구이다.
> • 이 책은 철학책이면서 자기 계발서이다.

읽기 표현

○ N(이)라고(는) 해도

Although you can simply say N (it has some features different from its general appearance).

 • 내 **집이라고는 해도** 대출을 많이 받았기 때문에 마음이 편하지 않다.

• **친구라고는 해도** 연락을 자주 하지 않아서 그런지 좀 멀게 느껴진다.

CHAPTER
05 한국의 미

5-1 한복의 디자인

어휘와 표현

듣기 어휘

비단	silk	장신구	accessory
고리	rings	날개	wing

둥글다	to be round	가리다	to cover, to screen
기다랗다	to be long	여미다	to adjust
붉다	to be red	묶다	to tie, to knot
잇다	to connect	수놓다	to embroider
넉넉하다	to be abundant	풍성하다	to be ample

관복	official uniform	정성	sincerity
빛깔	color	한 땀 한 땀	every stitch
예복	regalia		

기타 어휘

비로소	only then	황당하다	to be absurd
은퇴	retirement	엉성하다	to be poor, to not be well-organized
노후	one's old age	빚	debt
쏟아 내다	to pour out	갚다	to repay, to pay back
사기	fraud	뻔뻔하다	to be shameless
학창 시절	school days	소박하다	to be simple
자랑스럽다	to be proud	착잡하다	(for feelings) to be mixed
자태	appearance	억울하다	to be unfair
잡티	blemishes	정교하다	to be delicate, to be exquisite
섬세하다	to be delicate, to be sensitive	화사하다	to be gorgeous
방귀 뀐 놈이 성낸다	You get angry at others for your own mistakes. (lit. The person who farts gets angry.)		

속바지	underpants	매다	to tie
속치마	underskirt	혼례를 올리다	to hold a wedding ceremony
겉치마	outer skirt	관리	government official
폭	width	신분	status
품	width of chest and back	허용하다	to permit, to allow
노리개	norigae (an accessory hung to hanbok)	공주	princess
직선	straight line	거치다	to pass, to go through
끝동	cuff of a sleeve	일일이	one by one
천	cloth, fabric	대여하다	to lend
사극	historical drama	장례	funeral
처지	situation	고인	the deceased, the dead
고름	(coat) string of hanbok	수의	shroud

문법

1 V-고 나서야

Used to emphasize that something you didn't know or didn't change before is realized or changed after some point or event. Often used with 비로소.

Ex.
- 꽃이 **지고 나서야** 봄이 왔다는 것을 깨달았다.
- 전에는 몰랐던 것들을 시간이 **지나고 나서야** 비로소 알게 되는 때가 있다.
- 예술가들 중에는 세상을 **떠나고 나서야** 그 가치를 인정받게 된 예술가도 있다.

> Also used in the form V-고서야.
> - 나는 그동안 참았던 눈물을 쏟아내고서야 그 자리를 떠날 수 있었다.
> - 그게 나에게 얼마나 큰 의미가 있었는지 잃어버리고서야 그 소중함을 깨닫게 되었다.

2 A-기 이를 데 없다

Indicates a state or degree of greatness. Used to emphasize that the degree is at its best.

Ex.
- 아들이 시험에 합격했다는 소식을 듣고 **기쁘기 이를 데 없었어요.**
- 한복을 입고 나타난 그녀의 자태는 아름답고 **우아하기 이를 데 없었다.**
- 아직은 **엉성하기 이를 데 없는** 실력이지만 꾸준히 하다 보면 언젠가 잘하게 될 거예요.

> Also used in the form of 이를 데 없이.
> - 이를 데 없이 행복한 하루하루가 지나가고 있었다.
> - 그동안 답답했던 마음을 솔직하게 쏟아 내고 나니 이를 데 없이 개운했다.

> **Compare!**
> A-기 그지없다 and A-기 이를 데 없다 are expressions that mean to reach the highest state, emphasizing the greatness of the state or degree. A-기가 이루 말할 수 없다 also emphasizies the greatness of the state or degree, meaning that it is beyond words.
> - 열차 사고로 인해 많은 부상자들이 발생했다는 소식이 **안타깝기 그지없었다.**
> - 태풍 피해로 많은 수재민들이 체육관에서 생활하고 있다니 **안타깝기 이를 데 없다.**
> - 하루아침에 전 재산을 잃게 된 피해자들의 고통은 **이루 말할 수 없다.**

어휘와 표현

읽기 어휘

탈	mask	장식	decoration
금박	gilt	각양각색	varieties
감추다	to hide, to conceal	성대하다	to be magnificent
대칭되다	to be symmetric	사냥하다	to hunt
다가가다	to approach	억누르다	to suppress
물리치다	to repel	신성시하다	to hold sacred
삐뚤어지다	to be crooked	우스꽝스럽다	to be ridiculous
경계를 늦추다	to relax one's vigilance	시대상을 반영하다	to reflect the times
고단함을 달래다	to relieve one's tiredness	의식을 치르다	to perform a ceremony
눈길을 끌다	to attract the attention, to catch one's eye		

기타 어휘

공예품	craftwork	부응하다	to meet, to satisfy
막대하다	to be huge, to be enormous	기상 캐스터	weather forecaster
헌신	devotion	소감	words, opinion
나들이	outing	평균	average
부쩍	remarkably	팬덤	fandom
자외선	UV rays	한몫하다	to play a part
통	width of pants	전생	previous life, past life
하체	lower body	발자국	footprint
보완하다	to make up for	폐업	closure of a business
각기	individually	놀리다	to tease, to make fun of
고대	ancient times	말에 뼈가 있다	to have hidden meanings
원시	primitive times	풍자	satire
변장용	for disguise	귀족	aristocrat, noble
주술적	shamanistic	계급	class, rank
결함	flaw, defect	빈부	the rich and the poor
한바탕	bout		

문법

1 A-(으)ㄴ 만큼, V-는 만큼

Indicates a cause or basis. The meaning of 만큼 is used to connect the first half and the second half of the sentence in terms of a degree or quantity. This means that the degree of the cause or basis in the first half of the sentence is similar to the result in the latter half of the sentence.

 Ex.
- 산불은 한번 발생하면 막대한 피해가 **생기는 만큼** 예방에 힘써야 한다.
- 미래 못지않게 현재도 **중요한 만큼** 최선을 다해서 지금 이 순간을 즐기면서 일해야 한다.
- 경기가 안 좋은 **시기인 만큼** 우리도 좀더 허리띠를 졸라맬 필요가 있다.

> Used in the form of N(이)니만큼 as an old-fashioned form of N인 만큼. Also A-(으)니만큼 for A-(으)ㄴ 만큼, V-느니만큼 for V-는 만큼 are used, but they are used less frequently than N(이)니만큼.
> - 5월은 각종 행사나 가족 모임이 많은 때니만큼 식당 예약을 서두르셔야 합니다.
> - 꽃이 피는 봄이니만큼 설레는 마음으로 바깥 나들이를 준비하시는 분들이 많습니다.

2 A/V-(으)ㅁ에 틀림없다

Indicates confidence in an assertion. 틀림없다 is used to emphasize the fact that something cannot be wrong. For nouns, N임에 틀림없다 is used, which is more common than other parts of speech.

Ex.
- 계속 시계를 보는 걸 보니 분명 중요한 일이 **있음에 틀림없었다.**
- 전 세계적인 한류 열풍에 아이돌 팬덤도 **한몫했음에 틀림없습니다.**
- 내 눈을 피하는 것으로 보아 뭔가를 **숨기고 있는 것임에 틀림없어.**

> A-(으)ㄴ 게 틀림없다, V-는 게 틀림없다 is used as a more colloquial form of expression.
> - 입술이 파란 걸로 보아 어디가 아픈 게 틀림없다.
> - 내 전화를 안 받는 걸 보니 지금 자고 있는 게 틀림없다.

읽기 표현

● N이/가 이루 말할 수 없다

It's so great that it can't be expressed in words.

 Ex.
- 실제 자동차 모양과 똑같이 만들어 낸 모형 자동차는 **정교함이 이루 말할 수 없었다.**
- 소중한 사람을 떠나보낸 슬픔은 **이루 말할 수 없을 것이다.**

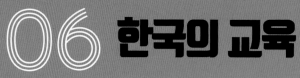

CHAPTER
06 한국의 교육

6-1 한국인의 교육열

6-2 교육 제도의 변화

6-1 한국인의 교육열

어휘와 표현

듣기 어휘

학습	study, learning	개념	concept, idea
습득	acquisition	오감	five senses
교육	education	인성	character, personality
엄격하다	to be strict	자극하다	to stimulate
훈계하다	to teach a lesson	저하시키다	to let fall, to reduce
적절하다	to be proper	향상시키다	to improve
과도하다	to be excessive	극대화되다	to be maximized
공동묘지	cemetery, graveyard	홀어머니	single mother
무덤	grave, tomb	흉내내다	to imitate
일컫다	to call, to name		

기타 어휘

영유아	infants	센스	sense
이모	aunt	사공이 많으면 배가 산으로 간다	Too many cooks spoil the broth.
자녀	children		
자상하다	to be thoughtful, to be considerate	산에 가야 꿩을 잡고 바다에 가야 고기를 잡는다	You have to go to the mountain to catch pheasants and go to the sea to catch fish.
불같다	to be short-tempered		
자기주장	self-assertiveness	소심하다	to be timid
개방적	frank, open	입시	entrance examination
이성	the opposite sex	각계	diverse fields
보수적	conservative	현실성	reality
부서	department	엉뚱하다	to be fanciful
사상가	thinker	고르다	to be even
명필	master calligrapher	비인지적	noncognitive
인재	talented person	열띠다	to be heated, to be passionate
끝마치다	to end, to finish	질의응답	Q&A
대뇌	cerebrum	유발하다	to provoke, to trigger
인지	recognition, perception	지지	support

문법

1 A-(으)ㄴ 면이 있다, V-는 면이 있다

Describes a characteristic or part of an object's personality. Used for people, things, or parts of a culture.

- 우리 이모는 자녀 교육에 지나치게 신경을 **쓰는 면이 있다**.
- 이 과목은 졸업하기 전에 꼭 들어야 하지만 1학년 학생이 듣기에는 **어려운 면이 있다**.
- 그 영화는 코미디 영화지만 **교육적인 면도 있어서** 학교의 단체 관람이 많다.

> If the object being evaluated has two opposing characteristics at the same time, or if the two objects each have a contrasting characteristic, the forms of A-(으)ㄴ 반면에, V-는 반면에 are used.
>
> - 새로 이사한 집은 교통이 편리한 반면에 주변이 좀 시끄러워요.
> - 노인 인구는 증가하는 반면에 신생아 수는 감소하고 있다.

2 A-(으)ㄴ 법이다, V-는 법이다

Indicates that what the speaker is describing is commonplace, like the law of nature. Often used when the speaker wants to let the other person know that a specific event is not unusual, but is part of the normal way things work in the world.

- 겨울이 가면 봄이 **오는 법이다**.
- 잘못을 했으면 벌을 **받아야 하는 법이다**.
- 어떤 일이든 쉬워지기 전에는 **어려운 법이라고** 하니까 하다 보면 익숙해질 것이다.

> Often used with proverbs.
> - 원숭이도 나무에서 떨어지는 법이다.
> - 윗물이 맑아야 아랫물도 맑은 법이다.

A-(으)ㄴ 법이다, V-는 법이다	A/V-기 마련이다

Both A-(으)ㄴ 법이다, V-는 법이다 and V-기 마련이다 can be used to express something that is taken for granted through a lengthy experience.
- 눈에서 멀어지면 마음에서도 **멀어지는 법이다**.
- 눈에서 멀어지면 마음에서도 **멀어지기 마련이다**.

V-아/어야 하다 and A/V-(으)ㄹ 수 있다 go together with A-(으)ㄴ 법이다, V-는 법이다.	V-아/어야 하다 and A/V-(으)ㄹ 수 있다 can't go together with A/V-기 마련이다.
• 자기의 일은 자기가 **결정해야 하는 법이다**. (○) • 쓴맛을 보고 나서야 진정한 단맛을 **알 수 있는 법이다**. (○)	• 자기의 일은 자기가 **결정해야 하기 마련이다**. (?) • 쓴맛을 보고 나서야 진정한 단맛을 **알 수 있기 마련이다**. (?)

32

어휘와 표현

읽기 어휘

과거	civil service examination, state examination	서당	seodang (private village school)
문과	civil officer examination	향교	hyanggyo (public Confucian school in local)
무과	military officer examination	학당	hakdang, academy
부정행위	cheating	시행	enforcement, implementation
숨기다	to hide	선발하다	to select, to pick
베끼다	to copy	응시하다	to take
속하다	to belong to	철저하다	to be thorough
계층	class	제약	restriction
고려	Goryeo	체계	system
나랏일	state affairs		

기타 어휘

수능	national college entrance exam	폭력	violence
시험장	test site	위기	crisis
친지	close friends, relatives	정서적	emotional
열풍	craze, fever	평민	commoner
급증하다	to increase rapidly	제시간	in time, on time
관중	spectator	인솔자	leader
취업난	unemployment crisis	대출	loan
명문대	prestigious university	구직자	job hunter
연설	speech	자영업자	self ownership
차량	car, vehicle	지원	support
혼잡하다	to be chaotic	중소기업	small or medium-sized business
시위	demonstration, protest	인력난	labor force shortage
벌이다	to start, to begin	자리 잡다	to get settled
역대	ever		

의무	duty, obligation	성균관	Seonggyun-gwan Academy
달하다	to reach	급격히	rapidly
주	main	붓	writing brush
가문	family	천민	lowest class of people
자제	child	극도	extreme
하급	low-class, low-ranking	중반	middle, mid

문법

❶ A-(으)ㄴ 가운데, V-는 가운데

Indicates that something that leads up to an event also leads to something that follows.
Often used in official and formal speech.

> **Ex.**
> - 취업에서 면접의 비중이 **높아지고 있는 가운데** 면접 방식도 매우 다양해지고 있다.
> - 관중들이 응원가를 **부르는 가운데** 각 팀의 선수들이 경기장에 입장하고 있습니다.
> - 외국어 조기교육 열풍이 **뜨거운 가운데** 영어 유치원들이 급증하고 있다.

> **Careful!**
> When an action or event occurs and then another event occurs in a situation where the previous state of an action or event continues, V-(으)ㄴ 가운데 should be used.
> - 가까운 친지들만 모인 가운데 두 사람은 반지를 주고받았다.
> - 온라인 결제 방식이 일반화된 가운데 관련 범죄도 증가하고 있다.

> You can add '(에)도' or '(에)서도' to the end of the expression to mean 'A-(으)ㄴ데도, V-는데도'.
> - 생활이 어려운 가운데에도 그 사람은 희망을 잃지 않았다.
> - 비가 강하게 내리는 가운데서도 경기는 계속되었다.

❷ V-(으)ㅁ으로써

Indicates that a previous action causes a following result. In formal speech or writing, it is used to emphasize that an action is the means or method of a consequence.

> **Ex.**
> - 서로 조금씩 **양보함으로써** 이 위기를 극복해 나갑시다.
> - 통신 기술이 **발달함으로써** 학교 수업을 듣는 방식도 매우 다양해졌다.
> - 인솔자의 안내를 **따르지 않음으로써** 발생하는 문제는 책임지지 않습니다.

> **Careful!**
> The past tense is not used.
> - 제시간에 도착하지 못했음으로써 면접 기회를 놓치고 말았다. (×)
> - 제시간에 도착하지 못함으로써 면접 기회를 놓치고 말았다. (○)

읽기 표현

○ N에 비추어 (보다)

When looking at it in terms of N or based on N's perspective.

> **Ex.**
> - 현재에 **비추어 볼 때** 초등 교육 기관에 해당되는 서당은 보통 양반 가문에서 만들어 무료로 운영했다.
> - 내 경험에 **비추어 볼 때** 이 일은 빨리 끝내기 어려울 것 같다.

문법 설명 번역

Chapter 01 삶과 운명

1-1 삶에 대한 태도

• **문법**

1 A/V-(으)ㄹ뿐더러

대상의 행위나 상태에 대해 일차적인 부분을 먼저 설명하고 부가적인 내용을 덧붙일 때 사용한다. 'A/V-(으)ㄹ뿐만 아니라', 'A-(으)ㄴ 데다가, V-는 데다가' 등과 큰 의미 차이 없이 바꿔 사용할 수 있다.

2 A/V-았/었으면 싶다

화자가 자신 혹은 이야기하는 대상에 대한 바람을 완곡하게 나타낼 때 사용한다.

> 비교 1. 'A/V-았/었으면 싶다'는 화자가 아닌 다른 사람의 희망을 나타낼 때는 사용할 수 없으며 다른 사람의 희망을 완곡하게 나타내는 경우에는 'A/V-았/었으면 하다'를 쓴다.
>
> 2. 'A/V-았/었으면 싶다'는 형용사와도 결합할 수 있고, 문장의 주어와 그 주어가 희망하는 행위의 주체가 일치하지 않아도 상관없이 사용할 수 있다. 반면 희망을 나타낼 때 가장 많이 사용하는 'V-고 싶다'는 동사에만 결합하고 문장의 주어와 희망하는 행위의 주체가 '나'로 일치하는 경우에만 사용한다.

1-2 사람의 운명

• **문법**

1 V-노라면

앞의 일이나 상황이 계속되면 자연스럽게 뒤의 상태가 되거나 그런 일이 가능함을 깨닫게 되었음을 나타낸다. 경험이나 연륜이 많은 사람들이 오랜 시간 자신의 경험을 통해 얻은 깨달음을 전달할 때 쓰기에 적합하고 예스러운 느낌을 준다. 의미적으로는 'V-다가 보면' 등의 표현과 큰 차이 없이 바꿔 사용할 수 있다.

2 V-기 나름이다

지금 걱정하는 문제나 고민은 그것의 주체가 어떤 관점을 가지는지 혹은 어떻게 생각하고 행동하는지에 따라 그 결과가 달라질 수 있음을 나타낸다.

> 주의 걱정이나 고민을 표현하는 선행절에서는 'V-느냐 못하느냐는', 'V-는지 못하는지는', '얼마나(어떻게) V-는' 등의 표현을 사용하면 자연스럽다.

- 읽기 표현

N에 의해 정해지다
어떤 기준에 따라 선택되거나 결정됨을 나타낸다. 일반적으로 'N은/는 N에 의해 정해지다'와 같은
형태로 사용된다.

언어와 사고

2-1 한국어의 특징

- 문법

1 N(이)란
대상을 정의하거나 설명할 때 주로 사용하며, 어떤 상황이나 특징을 강조하거나 일반적인 이치
를 나타낼 때도 사용한다.

참고 1. 'V-기란'의 형태로도 쓰이는데 주로 상황이나 특징을 강조할 때 사용된다.
2. 'N은/는'으로 바꾸어 쓸 수 있으나 'N(이)란'이 강조의 의미를 가진다.

2 A-(으)ㄴ지, V-는지
후행절의 내용에 대한 막연한 이유나 상황을 설명할 때 사용한다.

참고 'A/V-아/어서 그런지', 'A/V-아/어서인지'의 형태로도 사용된다.

주의 'A-(으)ㄴ지, V-는지'와 'A/V-아/어서 그런지, A/V-아/어서인지'는 의미에 차이가 있는
데, 'A-(으)ㄴ지, V-는지'는 화자가 상황 자체를 추측하여 그것이 이유일 거라고 말할 때
사용하는 반면 'A/V-아/어서 그런지, A/V-아/어서인지'는 화자가 이미 알고 있는 상황
이 이유일 거라고 말할 때 사용한다.

- **문법**

① A/V-(으)ㄹ지라도

제시된 상황이나 상태를 인정하거나 가정한다고 해도 그것과 상관없이 어떤 일이 생기거나 혹은 반대되는 상황이 발생한다는 것을 표현하는데, 후행절에 나타나는 화자의 의지나 생각을 강조할 때 사용한다.

참고 어떤 상황을 가정하여 말할 때는 '설령/설사 A/V-(으)ㄹ지라도'의 형태로도 사용된다.

주의 현재의 사실이나 상태를 설명하는 경우에는 사용하지 않는다. 다만 화자의 의지나 의무에 대한 내용이 올 경우에는 사용할 수 있다.

② V-기 십상이다

현재의 상황으로 볼 때 제시된 상황처럼 될 확률이 매우 높음을 나타낼 때 사용하는데, '십상'은 '십중팔구'('열 개 중 여덟아홉 개'의 의미)라는 의미이다.

참고 '비슷한 표현으로 '십중팔구'가 있다. ('열 가운데 여덟이나 아홉' 정도로 거의 대부분이거나 틀림없다는 의미로 사용된다.)

비교	V-기 십상이다	V-기 마련이다
	어떤 상태나 상황이 될 확률이 높다는 의미를 나타내며 주로 부정적인 상황을 예상할 때 사용한다.	일반적으로 혹은 당연히 그렇게 된다는 의미를 나타낼 때 사용한다.

- **읽기 표현**

N에 직면하다, N와/과 직면하다
어떠한 일이나 상황을 직접 당하거나 접한다는 의미로 사용된다.

Chapter 03

음식과 문화 ⸻⸻⸻⸻⸻⸻⸻⸻⸻⸻⸻⸻⸻⸻

3-1 음식의 유래

• 문법

1 A-다기에, V-ㄴ/는다기에

다른 사람에게 들은 사실을 판단의 근거나 이유로 하여 뒤 문장에서 화자가 어떤 행위를 하였음을 나타낸다. 뒤 문장의 주어는 대체로 1인칭이 온다. 'A-다고 하기에', 'V-ㄴ/는다고 하기에'의 줄임 표현이다.

> **참고** 'A-다기에, V-ㄴ/는다기에'는 주로 글에서 쓰이며 말할 때는 'A-다길래, V-ㄴ/는다길래'로 바꿔 쓸 수 있다.

2 N을/를 막론하고

무엇이든 상관하지 않고 이것저것 따지거나 가리지 않음을 나타낸다.

> **비교** 'N을/를 막론하고'와 'N을/를 불문하고' 두 표현 모두 무엇이든 상관하지 않고 가리지 않는다는 의미를 가지고 있지만 다음과 같은 차이가 있다.

N을/를 막론하고	N을/를 불문하고
여러 대상을 구체적으로 드러낸 명사와 쓰는 것이 자연스럽다.	어떤 조건에 해당하는 명사와 쓰는 것이 자연스럽다.
• 자주 쓰는 어휘: 남녀노소, 동서고금, 동서양, 국내외, 지위 고하, 이유 여하 등	• 자주 쓰는 어휘: 국적, 나이, 성별, 종교, 학력, 이유, 세대 등

• **문법**

1 N(으)로 여기다

마음속으로 그렇다고 인정하거나 생각함을 나타낸다.

참고 관용적으로 자주 사용하는 표현이다.
• 눈엣가시로 여기다
• 사람 목숨을 파리 목숨으로 여기다

2 A/V-거니와

예스러운 표현으로, 앞의 사실을 인정하면서 뒤의 사실까지 덧붙임을 나타낸다. 주로 앞의 내용에 뒤의 내용까지 더해져서 더 어떠하다는 것을 말할 때 사용한다. 주로 'N도 A/V-거니와'의 형태로 사용한다.

참고 앞의 일을 다시 말할 필요 없이 당연히 그러하다고 인정할 때 'N은/는 물론이거니와'의 형태를 쓸 수 있다.

주의 이 문법은 명령문과 청유문 앞에서는 쓰지 않는다.

• **읽기 표현**

N에 주목하다 / N(으)로 주목을 받다

'N에 주목하다'는 사람들이 어떤 일에 관심을 가지고 주의 깊게 본다는 뜻이고 'N(으)로 주목을 받다'는 어떠한 대상으로서 사람들의 관심을 끈다는 의미이다.

Chapter 04

주거 문화의 변화

4-1 한옥의 구조

• 문법

1 A-기 그지없다

어떠한 성격이나 특성의 정도가 말로 다 할 수 없을 정도로 대단하거나 매우 심하다는 것을 나타낼 때 사용한다. 긍정적인 의미와 부정적인 의미로 모두 사용할 수 있다.

> **참고** 1. '-기' 뒤에 조사 '가'가 붙어서 'A-기가 그지없다'의 형태로 사용되거나 또는 '그지없다(끝이 없다)'의 어휘적 의미를 그대로 살려 '~은/는 그지없다'의 형태로 사용되기도 한다.
> 2. '그지없다'는 부사형 '그지없이'로 바꾸어 쓸 수 있다. 다만 이 경우, 실제 발화에서는 '그지없다'와 같은 의미를 가지는 '한이 없다'를 부사형으로 만들어 '한이 없이' 또는 '한없이'를 사용하는 경우가 많다.

> **주의** 'A-기 그지없다' 앞에는 형용사의 기본형만 올 수 있다. 따라서 그 형용사가 가리키는 상태가 과거라면 '그지없다'를 과거형으로 바꾸어 'A-기 그지없었다'라고 써야 한다.

2 V-다시피

듣는 사람이 알거나 듣거나 본 것과 같이 무엇이 어떠하다는 의미를 전달할 때 사용하며, '보다', '듣다', '알다', '짐작하다' 등 지각이나 인지를 나타내는 일부 동사와만 결합해서 쓰인다.

> **참고** '대화 참여자들이 모두 그 상황이나 상태를 보거나 듣거나 또는 알 수 있는 경우에는 뒤에 오는 문장을 생략하고 'V-다시피(요)'로 문장을 끝맺기도 한다.

> **주의** 1. 동사 '알다'의 경우에는 보통 과거 어느 시점에 '아는 행위'가 이루어졌다고 해도 의미상 그 결과적 상태가 현재까지 지속되고 있음을 전제로 하기 때문에, '알았다시피'의 형태로는 사용하지 않는다.
> 2. 'V-다시피'와의 결합이 자연스러운 일부 지각 동사나 인지 동사가 아닌 경우에도 구어적으로 'V-다시피'와 함께 사용될 수 있는 말들이 있다. 그러나 이 경우에는 'V-다시피'와 유사한 의미를 가지는 'V-(으)ㄴ/는 것처럼'으로 바꾸어 사용하는 편이 더 자연스럽다.

• 문법

① V-(으)ㅁ에 따라서

앞 상황이 원인이 되어 뒤의 결과가 나타나게 되었다는 의미를 가지며, 주로 공적이고 격식적인 발화에서 앞의 수나 양의 변화에 비례해서 뒤에 오는 수나 양에도 변화가 생겼음을 나타낼 때 사용한다.

> 참고 '증가, 감소, 확대' 등과 같이 이미 어떤 변화의 의미를 내포하고 있는 일부 한자로 된 단어들은, 명사의 형태로 '에 따라' 앞에 붙어서 사용될 수도 있다.

> 주의 앞의 변화가 과거의 사실이라고 해서 'V-았/었음에 따라서'와 같이 쓸 수는 없으며, 문장의 종결 형태를 통해 시제를 나타낼 수 있다.

> 비교 앞 상황이 원인이 되어 뒤의 결과가 발생하게 된다는 점에서 'N(으)로 인해(서)'와 비슷하지만 다음과 같이 각각의 고유한 특성을 가진다.

	V-(으)ㅁ에 따라(서)	N(으)로 인해(서)
용법	변화의 성격을 가지고 있는 어떤 상태나 동작	이미 정해진 어떤 개념이나 대상
결합 형태	주로 동사와 결합하는 'V-(으)ㅁ에 따라(서)'의 형태로 사용하며, 변화의 의미를 가지는 일부 명사의 경우 '에 따라(서)'와 함께 사용되기도 한다.	주로 명사와 결합하는 'N(으)로 인해(서)'의 형태로 사용하며, 일부 동사의 경우 'V-(으)ㅁ으로 인해(서)'의 형태로 사용되기도 한다.

② N이자

어떤 것이 두 가지 특징을 동시에 가지고 있을 때, 주로 어떤 대상이 일정한 자격과 함께 다른 자격을 가지고 있다는 것을 나타낼 때 사용한다.

> 참고 'N이자 N이다'의 형태 외에 문장에서 다음과 같은 형태로 사용되어 어떤 특징이나 자격, 관계 등을 나타내기도 한다.

> 비교 비슷한 의미를 나타낸다는 점에서 'N이면서'와 바꿔 쓸 수 있다. 하지만 'N이자'는 'N이면서'에 비해 앞에 오는 명사가 더 기본이 되는 자격이나 특성으로서 제시되는 경향이 있다.

• 읽기 표현

> N(이)라고(는) 해도
> N(이)라고 말할 수 있기는 하지만 (그것의 일반적인 모습과는 다른 특징이 있다.)

Chapter 05 한국의 미 ....

5-1 한복의 디자인

• 문법

> **1** V-고 나서야
>
> 그전까지는 몰랐거나 변화가 없던 것이 어떤 시점이나 사건 이후로 깨닫게 되거나 달라지는 것을 강조할 때 사용한다. '비로소' 등과 함께 쓰는 경우가 많다.
>
> 참고 'V-고서야' 형태로도 사용할 수 있다.
>
> **2** A-기 이를 데 없다
>
> 상태나 정도가 대단함을 나타낸다. 그 정도가 최고의 상태에 이르렀음을 강조할 때 사용한다.
>
> 참고 '이를 데 없이'와 같은 형태로도 사용할 수 있다.
>
> 비교 'A-기 그지없다'와 'A-기 이를 데 없다'는 최고의 상태에 이른다는 의미의 말로서 그 상태나 정도의 대단함을 강조한다. 'A-기가 이루 말할 수 없다'도 그 상태나 정도의 대단함을 강조하는데 말로 다 표현하지 못할 정도로 대단하다는 의미를 지닌다.

5-2 한국의 탈

• 문법

> **1** A-(으)ㄴ 만큼, V-는 만큼
>
> 원인이나 근거를 나타낼 때 사용한다. 정도나 양을 나타내는 '만큼'의 의미가 남아 있어 앞의 원인이나 근거의 정도를 기준으로 뒤의 상태도 그 정도의 결과가 나오는 것을 의미한다.
>
> 참고 예스러운 표현으로, 'N인 만큼' 대신에 'N(이)니만큼' 형태로도 사용할 수 있다. 'A-(으)ㄴ 만큼'은 'A-(으)니만큼'으로, 'V-는 만큼'은 'V-느니만큼'으로 사용할 수 있는데 'N(이)니만큼'에 비해 사용 빈도가 낮은 편이다.
>
> **2** A/V-(으)ㅁ에 틀림없다
>
> 추측한 내용에 대한 확신을 나타낸다. '틀림없다'는 조금도 틀리지 않는다는 의미로 그 사실을 강조할 때에 사용한다. 명사의 경우, 'N임에 틀림없다'로 쓸 수 있는데 다른 품사보다 활용도가 높은 편이다.
>
> 참고 좀 더 구어적인 표현으로 'A-(으)ㄴ 게 틀림없다, V-는 게 틀림없다'를 사용한다.

• 읽기 표현

N이/가 이루 말할 수 없다
그 정도가 대단해 말로 표현할 수 없을 정도라는 의미이다.

 Chapter 06 한국의 교육 ··

6-1 한국인의 교육열

• 문법

1 A-(으)ㄴ 면이 있다, V-는 면이 있다

대상이 가지고 있는 특징이나 성격의 일부를 설명한다. 사람과 사물, 문화적인 부분 등을 대상으로 두루 사용된다.

참고 평가하려는 대상이 상반되는 두 특성을 동시에 가지고 있거나 두 대상이 대조가 되는 특성을 각각 가지고 있는 경우에 'A-(으)ㄴ 반면에, V-는 반면에'의 형태를 사용하여 표현한다.

2 A-(으)ㄴ 법이다, V-는 법이다

기술하는 내용이 자연의 법칙처럼 너무나도 당연한 일임을 나타낸다. 어떤 구체적 사건에 대해 그것이 유별난 일이 아니라 일반적인 세상의 이치에 속하는 일임을 상대방에게 알려 주고자 할 때 많이 사용한다.

참고 속담과 함께 자주 사용된다.

비교 A-(으)ㄴ 법이다, V-는 법이다	A/V-기 마련이다
인간의 오랜 경험을 통해 당연하다고 받아들여지는 것을 표현할 때 'A-(으)ㄴ 법이다, V-는 법이다'나 'A/V-기 마련이다'를 모두 쓸 수 있다.	
'V-아/어야 하다'와 'A/V-(으)ㄹ 수 있다'는 'A-(으)ㄴ 법이다, V-는 법이다'와 어울린다.	'V-아/어야 하다'와 'A-(으)ㄹ 수 있다'는 'A/V-기 마련이다'와는 잘 어울리지 않는다.
• 자기의 일은 자기가 **결정해야 하는 법이다.** (○) • 쓴맛을 보고 나서야 진정한 단맛을 **알 수 있는 법이다.** (○)	• 자기의 일은 자기가 **결정해야 하기 마련이다.** (?) • 쓴맛을 보고 나서야 진정한 단맛을 **알 수 있기 마련이다.** (?)

- **문법**

1 A-(으)ㄴ 가운데, V-는 가운데

배경이 되는 어떤 상황 속에서 뒤의 사건도 함께 발생함을 나타낸다. 공적이고 격식적인 발화에서 주로 사용된다.

주의 어떤 행위나 사건이 발생한 후 그 상태가 지속되는 상황에서 뒤의 사건이 발생하는 경우에는 'V-(으)ㄴ 가운데'의 형태로 써야 한다.

참고 표현의 뒤에 '(에)도'나 '(에)서도'를 붙여 'A-(으)ㄴ데도, V-는데도'의 의미처럼 쓸 수 있다.

2 V-(으)ㅁ으로써

앞의 행위를 통해 뒤의 결과가 생기게 되는 것을 나타낸다. 공식적인 발화 또는 문서에서 어떤 행위가 그로 인한 결과의 수단이나 방법이 된다는 것을 강조해서 말할 때 사용한다.

주의 과거형을 사용하지 않는다.

- **읽기 표현**

N에 비추어 (보다)

'N에 맞추어 봤을 때, N을/를 기준으로 보면'의 의미를 가진다.

MEMO

MEMO

MEMO